Premalal Narahenapitage

Das große Buch der
Tischdekorationen
aus Obst und Gemüse

HEEL

Impressum

HEEL Verlag GmbH
Gut Pottscheidt
53639 Königswinter
Tel.: 02223 9230-0
Fax: 02223 9230-13
E-Mail: info@heel-verlag.de
Internet: www.heel-verlag.de

© 2010 HEEL Verlag GmbH, Königswinter

Das vorliegende Buch ist eine Zusammenfassung der Titel „Zum Essen zu schade" (© 2000) und „Essbare Tischdekorationen zum Selbermachen" (© 2005), die im HEEL Verlag erschienen sind.

Autor: Narahenapitage Sumith Premalal De Costa
Fotos: Helge Pohl, Jörg Haijt, Archiv
Satz: gb-s Mediendesign, Königswinter
Cover: A. Mertens, Königswinter

– Alle Rechte vorbehalten –

Printed in Czech Republic

ISBN: 978-3-86852-363-8

Alle Rechte, auch die des Nachdrucks, der Wiedergabe in jeder Form und der Übersetzung in andere Sprachen, behält sich der Herausgeber vor. Es ist ohne schriftliche Genehmigung des Verlages nicht erlaubt, das Buch und Teile daraus auf fotomechanischem Weg zu vervielfältigen oder unter Verwendung elektronischer bzw. mechanischer Systeme zu speichern, systematisch auszuwerten oder zu verbreiten.

DANK

Ich danke Frau Christine Kelch, Geschäftsführerin der Hill Metallwaren GmbH, für die technische Zusammenarbeit und Entwicklung der Schnitzwerkzeuge. Ihre Ideen und ihr Engagement haben wesentlich zum Gelingen des Buches beigetragen.

Ein herzliches Dankeschön gilt natürlich auch dem Handelshof für das bildschöne Gemüse und die photogenen Früchte.

Bestens koordiniert und organisiert wurde das gesamte Geschehen von den Mitarbeitern des Heel Verlages. Es hat mir Spaß gemacht, mit Ihnen allen zusammenzuarbeiten!

INHALT

8	Vorwort
10	Eine kleine Entstehungsgeschichte
12	**Einführung**
12	Wissenswertes über Obst und Gemüse
14	Einteilung der Früchte
16	Einteilung der Gemüsesorten
20	Auf die Frische kommt es an: Tipps und Tricks für ein gutes Gelingen
24	Saisontabelle: Obst und Gemüse
26	Das richtige Gerät: Werkzeuge und Messer
38	**Tellerdekorationen**
40	Verzierte Karotte
42	Rettichspirale
44	Tomatenkrabbe
46	Tomatenblume
48	Girlande
50	Zitronenpuzzle
52	Serviettenring aus Aubergine
54	Gefangene Kugel
56	Schmetterling aus Roter Beete
58	Zucchinifächer
60	Tomatenvogel
62	Fisch
66	Zitruskönig
68	Biene
72	Papayablüte
74	Gurkenkrokodil
78	Krebse
80	Champignon-Ringelblume

TISCHDEKORATIONEN INHALT

82	Kontrastierende Fächer
84	Gemüse-Potpourri
86	Tomatenbouquet
88	Mehr als Blumen ...
89	Sechsblättrige Sonnenblume

92	**Tischdekorationen**
94	Elefantenwanderung
100	Wasserbüffel
106	Igel im Gras
112	Zum Verwelken zu Schade
118	Fruchtschale mit Zucchinibecher
124	Abendlicht
130	Schildkröte am Strand
136	Zusammentreffen einer Schnecke und eines Schwanenjungens
140	Erleuchtung des Buddha

146	**Büffetdekorationen**
148	Ein wahrer Augenschmaus
154	Exotische Blumenvase
162	Tulpen zu jeder Jahreszeit
168	Überraschungsbouquet
174	Ein Frauentraum
190	Lebenstraum
198	Prost und viel Glück!
204	Exotisches Windlicht
210	Auf den Schwingen eines Schmetterlings
216	Sensationeller Melonenkorb
222	Stolz von Sri Lanka
228	Schwanenpaar auf einem Baumstumpf

VORWORT

Dieses Buch beschäftigt sich ausführlich mit Teller- und Tischdekorationen zum Selbermachen. Sie werden erleben, wie einfach es ist, seine Gäste mit kleinen Dekorationen zu überraschen.

Alles was Sie dafür brauchen ist ein bisschen Geschick und das richtige Werkzeug. Sehr oft aber genügt ein handelsübliches, scharfes Küchenmesser, um Gemüse und Obst zu bearbeiten. Für anspruchsvollere Kreationen ist das eine oder andere Spezialwerkzeug jedoch unerlässlich. Immer wieder haben mich begeisterte Leser meines ersten Buches angerufen, um zu erfahren, wo ein solches Werkzeugset erhältlich ist.

Ein Großteil meiner Ausrüstung entstammte jedoch der Marke Eigenbau. Um der Nachfrage Folge zu leisten, habe ich gemeinsam mit triangle® ein 8-teiliges Schnitzmesser-Set entwickelt, das inzwischen von der Marke triangle® produziert und vertrieben wird. Es umfasst alle wesentlichen Funktionen. Aufgrund der sauberen Verarbeitung lassen sich damit Obst und Gemüse einfach und exakt bearbeiten.

Dieses Buch richtet sich nicht nur an Profis, sondern auch an Hobbyköche, die gerade erst damit beginnen, sich im Modellieren von Obst und Gemüse zu üben.

Leichte Objekte mit großer Wirkung sollen auch den vermeintlich Ungeübten motivieren. Neben kleineren Teller- und Tischdekorationen finden

sich aufwändigere Skulpturen und Schaustücke, die sich vor allem für Büffets eignen.

Das Besondere an der Kunst des Gemüseschnitzens ist, dass die Materialien, die ich verwende, im Supermarkt oder auf dem Wochenmarkt erhältlich sind. Viele kleine Dekorationen, die ich anfertige, entstehen zum Teil aus den Resten, die ich beim Schnitzen der größeren Skulpturen und Schaustücke zurück behalte. Aus einer Melonenschale, die sonst einfach weggeworfen wird, schnitze ich beispielsweise Blätter für ein Blumenbouquet.

Ich wünsche Ihnen viele vergnügliche Stunden und vor allem viel Erfolg beim Nachschnitzen dieser wunderschönen, aber auch einfachen Kreationen.

Narahenapitage Sumith
Premalal De Costa

EINE KLEINE ENTSTEHUNGSGESCHICHTE

DAS AUGE ISST MIT

Das Auge isst mit! Diese alte Volksweißheit habe ich mir zum Motto gemacht.

Es ist sehr wichtig, lebendige Arrangements zu schaffen, die von den Gästen nicht nur bestaunt, sondern auch gerne gegessen werden und zudem auch noch gesund sind.

Bei meinen Kreationen habe ich mich immer wieder von dem Kunsthandwerk und der Geschichte meiner Heimat Sri Lanka inspirieren lassen.

Sri Lanka (das frühere Ceylon), die Perle des Indischen Ozeans, ist für seine Schnitzereien berühmt. Diese Kunst ist ein Teil der Kultur, die etwa 500 vor Christus entstanden ist.

Zwischen dem 14. und dem 19. Jahrhundert entwickelte sich das Kunsthandwerk Sri Lankas weiter und die Schnitzereien aus Holz oder Elfenbein und Skulpturen aus Silber oder Messing waren sehr gefragt.

Sehr berühmt sind die Grizzly-Masken aus Holz, Messing, Silber und Elfenbein, die die damaligen Inselbewohner bei Ritualen trugen.

Die bunt bemalten, dämonisch wirkenden Masken symbolisieren die Charaktere und Eigenschaften der verschiedenen Tiere. Noch heute werden diese Masken von Teufelstänzern im Süden von Sri Lanka getragen.

TISCHDEKORATIONEN ENTSTEHUNG

In den ethnologischen Museen von München und Berlin können Sie Sammlungen srilankischer Masken bewundern.

Im heutigen Sri Lanka sind die Schnitzereien moderner geworden. Viele Hoteliers haben mittlerweile entdeckt, dass diese Skulpturen und Schnitzereien große Anziehung auf Touristen ausüben.

Viele Köche haben die historischen Vorlagen in Obst und Gemüse umgesetzt. Die Kunst des Gemüseschnitzens hat in Sri Lanka aber nicht nur einen kunstgeschichtlichen Hintergrund. Auch die Religion spielt eine große Rolle: In nahezu jedem buddhistischen Haushalt wie auch in buddhistischen Tempeln ist das Opfer des „Gilan Pasa Pooja", bei dem die erste Portion eines jeden Mals oder Getränks für Buddha bestimmt ist, ein tägliches Ereignis.

Die Gaben werden Buddha zu Ehren aufwändig zubereitet und mit prachtvoll geschnitztem Obst und Gemüse dekoriert. Die Schale, aus der Buddha seine Gaben zu sich nehmen soll, wird oft ebenfalls aus einer Frucht geschnitzt.

Mittlerweile hat auch die europäische Gastronomie die exotischen Gemüseschnitzereien entdeckt und den Beruf des „Kitchen Artist" entwickelt.

WISSENSWERTES

ÜBER OBST UND GEMÜSE

Längst sind die Zeiten vergangen, in denen die Menschen Lebensmittel mehr zufällig zu sich nahmen, ohne sich dabei über ihren Cholesterinspiegel oder den Vitamin- bzw. Mineralstoffgehalt Gedanken zu machen – obwohl Obst und Gemüse sicherlich schon immer in großen Mengen verzehrt worden sind. Die heutige Generation ist weit vorsichtiger und figurbewusster.

Die verschiedenen Obst- und Gemüsesorten waren seit Urzeiten – und sind es noch immer – ein wichtiger Bestandteil unserer täglichen Ernährung. Sie sollten sie der Saison nach einkaufen, denn in der Haupterntezeit haben Obst und Gemüse den passenden Reifegrad.

Für die Verarbeitung zu Dekorationsstücken ist es unbedingt notwendig, junge, frische Früchte zu erwerben. Geeignet sind alle festen Sorten, angefangen bei der Ananas bis hin zur Zucchini. Die einzelnen Teile müssen gekühlt und nach Entnahme aus dem Kühlhaus (oder Kühlschrank) direkt verarbeitet werden.

Setzen Sie die Schaustücke aus Obst und Gemüse sorgfältig und wirkungsvoll in Szene, sodass sie dem jeweiligen Anlass entsprechen. Dabei spielt die Kombination der Farben eine große Rolle. Lassen Sie Ihrer Phantasie freien Lauf. Eine Melone, eine Orange oder eine Mango müssen nicht gleich aussehen, nachdem sie bearbeitet wurden. Der Lohn: wenn Ihre Gäste rätseln, woraus das jeweilige Schaustück gemacht ist.

TISCHDEKORATIONEN OBST UND GEMÜSE

EINTEILUNG DER FRÜCHTE

Früchte sind häufig reich an Zucker und enthalten außerdem Mineralien und Vitamine. Oft dienen sie als Durstlöscher oder können als Imbiss den kleinen Hunger stillen. Achten Sie beim Einkauf der Früchte immer darauf, diese möglichst frisch, am besten zur Haupterntezeit, zu bekommen. Zu bevorzugen sind natürlich Früchte aus dem eigenen Garten, denn sie sind, wenn überhaupt, kaum mit Chemikalien belastet.

Obst lässt sich für verschiedene Anlässe einsetzen: als Willkommensgruß in einem Hotel- bzw. Gästezimmer, auf dem Frühstücksbuffet oder einfach als Dessert nach dem Essen.

BEERENOBST
Brombeere
Erdbeere
Heidelbeere
Himbeere
Johannisbeere
Preiselbeere
Stachelbeere
Wein- und Tafeltraube

HARTSCHALENOBST
Haselnuss
Kastanie
Mandel
Walnuss

KERNOBST
Apfel
Birne
Quitte

STEINOBST
Aprikose
Kirsche
Pfirsich
Pflaume
Zwetschge

SÜDFRÜCHTE
Ananas
Avocado
Banane
Dattel
Feige
Granatapfel
Kaki
Mango
Olive
Okra
Papaya
Passionsfrucht

ZITRUSFRÜCHTE
Apfelsine
Grapefruit
Kumquat
Limone
Mandarine
Zitrone

EINTEILUNG DER GEMÜSESORTEN

Gemüse bereichert unsere Ernährung durch wertvolle Vitamine und Mineralstoffe. Es kann entweder roh, gekocht oder auch konserviert gegessen werden. Gezüchtetes Gemüse gibt es inzwischen schon seit über 10.000 Jahren, wobei verschiedene Sorten immer wieder angebaut wurden, während andere zwischendurch in Vergessenheit gerieten. Heute ist Gemüse nicht mehr nur Beilage, sondern wird auch als Hauptspeise oder als appetitlicher Imbiss immer beliebter. Beim Einkauf sollten Sie darauf achten, dass Freilandgemüse vitaminreicher und häufig auch zarter ist als Treibhausgemüse. Die Wahl Ihres Gemüsehändlers ist somit eine wichtige Angelegenheit.

BLATTSPINATE
Neuseeländer
Spinat

BLATTKOHLGEMÜSE
Chinakohl
Federkohl
Grünkohl
Rosenkohl
Rotkohl
Weißkohl

BLATTSALATE
Bataviasalat
Chicorée
Cicorino
Eisbergsalat
Endivie
Kopfsalat
Kresse
Lattich
Löwenzahn
Petersilie
Portulak
Schnittsalat
Schnittzichorie

BLATTSTIELGEMÜSE
Fenchel
Krautstiel
Rhabarber
Stangensellerie

BLÜTENSTÄNDE
Artischocke
Blumenkohl
Broccoli

GEMÜSEFRÜCHTE
Aubergine
Paprika
Gurke
Kürbis
Melone
Patisson
Tomate
Wassermelone
Zucchini

STÄNGELGEMÜSE
Kohlrabi
Spargel

GEMÜSESORTEN

WURZEL- UND KNOLLENGEMÜSE
Karotte
Mairübe
Mangold
Meerrettich
Pastinake
Radieschen
Rote Beete
Rettich
Schwarzwurzel
Sellerie
Topinambur

ZWIEBELGEWÄCHSE
Knoblauch
Lauch
Schalotte
Schnittlauch
Zwiebel
Stängelzwiebel

AUF DIE FRISCHE KOMMT ES AN

TIPPS UND TRICKS FÜR EIN GUTES GELINGEN

Obst und Gemüse sind nicht nur sehr wichtige Bestandteile unserer täglichen Ernährung, sie können auch mit ein bisschen Geduld, Übung und Geschick jedes Tellergericht, jede Tafel oder jedes Büffet zu einem sinnlichen Erlebnis der besonderen Art machen. Überraschen Sie Ihre Gäste mit kunstvollen Kleinigkeiten als Tellerdekoration oder mit kunstvollen Arrangements für einen Empfang. Von einfach bis kompliziert, von Einzelstück bis Bouquet – lassen Sie Ihrer Phantasie freien Lauf.

Das gute Gelingen hängt dabei nicht nur von Ihrer Geschicklichkeit, sondern auch von der Auswahl der zu verarbeitenden Materialien und natürlich auch vom geeigneten Werkzeug ab. Je besser die Qualität des Ausgangsmaterials, desto schöner das Endprodukt. Versuchen Sie, Obst und Gemüse der Saison entsprechend einzukaufen. Damit ist am ehesten gewährleistet, dass die Früchte eine optimale Reife besitzen.

TISCHDEKORATIONEN TIPPS UND TRICKS

Achten Sie bei der Auswahl des Materials auf eine schöne Färbung und darauf, dass das Gemüse keine Druckstellen aufweist. Diese behindern nicht nur die Verarbeitung, sondern lassen die Frucht auch schneller vergehen.

Achten Sie beim Obst- und Gemüsekauf auf Festigkeit. Je weicher das Material ist, desto ungenauer werden später die Schnitte und die Werkstücke lassen sich auch schlechter festhalten. Halten Sie das Werkstück immer vorsichtig, um nichts zu zerstören, aber auch immer fest, damit es Ihnen nicht aus der Hand rutscht. Dabei könnte nicht nur Ihr Kunstwerk kaputt gehen, Sie können sich auch mit dem scharfen Werkzeug verletzen. Sie sollten auf weiche Ge-

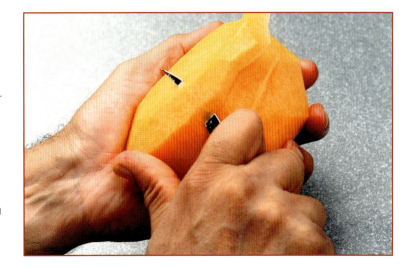

TISCHDEKORATIONEN TIPPS UND TRICKS

Bewahren Sie das Schnitzmaterial, vor allem feste Sorten von Ananas bis Zucchini, bis zur Verarbeitung im Kühlschrank auf. Nach der Entnahme aus dem Kühlschrank sollten Sie schnell beginnen.

Stellen Sie das Material für Ihre Kunstwerke je nach Anlass und Motiv zusammen. Kombinieren Sie unterschiedliche Obst- und Gemüsesorten und spielen Sie mutig mit den Farben. Viele Arrangements leben von gekonnten Farbkombinationen.

müse- und Obstsorten wie zum Beispiel auf Bananen auf jeden Fall verzichten. Besonders gut eignen sich für den Anfang feste Sorten wie weiße und rote Rettiche, um kleinere Objekte zu schnitzen. Tomaten bergen da einen höheren Schwierigkeitsgrad und sollten erst mit etwas Übung in Angriff genommen werden. Für große Objekte eignen sich Melonen ganz besonders gut. Die umfangreiche Farbpalette von dunkelgrün bis gelb und ihre Festigkeit laden gerade dazu ein, sich an ihnen zu versuchen.

Gehen Sie bei der Auswahl nicht nur nach den Farben der unbearbeiteten Materialien. Bedenken Sie auch, dass manche Früchte unterschiedliche Farbschichten für Sie bereithalten. Je nach Tiefe der Schnitte oder Kerben wird eine andere Farbe freigelegt. Am deutlichsten ist dieses Farbenspiel bei einer Wassermelone zu beobachten. Unter der grünen Schale befindet sich erst eine weiße Schicht Fruchtfleisch, bevor das rote hervorleuchtet. Machen Sie sich auch diese Farben zu Nutze und arbeiten Sie mit verschiedenen Schnitttiefen.

TISCHDEKORATIONEN TIPPS UND TRICKS

Bevor Sie mit Ihrer Arbeit beginnen, sollten Sie darauf achten, dass Ihr Werkzeug gut geschärft ist. Mit stumpfen Messern erzielen Sie schlechte und unbefriedigende Ergebnisse. Das Verletzungsrisiko ist auch ungleich höher.

Ihre Arbeitsfläche sollte für Sie eine angenehme Höhe haben und an Ihrem Arbeitsplatz sollte es hell sein.

Sitzen Sie entspannt und halten Sie das Messer locker in der Hand. Sie sollten sich Zeit für Ihre Arbeit lassen. Wenn Sie das Schnitzmesser wie einen Stift führen, können Sie die Schnittführung und Schnitttiefe am Besten kontrollieren.

Halten Sie immer ein Gefäß mit Eiswasser bereit, in das Sie die fertigen Stücke sofort hineinlegen können. So bleiben sie frisch, bis sie gebraucht werden, und zarte Objekte wie Blüten können „aufblühen". Für einen längeren Transport eignen sich mit Eiswasser gefüllte Styroporkisten. Wenn große Arrangements für Büffets eine lange Zeit frisch überdauern sollen, besprühen Sie sie halbstündlich mit Eiswasser. Die fertigen Objekte überdauern auch eine Nacht im Kühlschrank.

Ich wünsche Ihnen viel Spaß beim Ausprobieren!

23

SAISONTABELLE

OBST UND GEMÜSESORTEN

GEMÜSE / OBST	FRÜHSAISON	HOCHSAISON	SPÄTSAISON
Aubergine	Juni–Juli	August–September	Oktober–November
Blumenkohl	Mai–Juni	Juli–Oktober	November
Gurke	Mai	Juni–September	Oktober–November
Karotte	Juni	Juli–November	Dezember–Februar
Kohl	Mai–August	September–November	Dezember–Januar
Kürbis	Juli–August	September–Dezember	Januar–Februar
Lauch	März	April–November	Dezember–Februar
Honigmelone	Mai–Juni	Juli–Oktober	November
Rettich, rot	Januar–März	April–August	September–November
Rettich, weiß	April–Mai	Juni–November	Dezember–Januar
Rote Beete	Juli	August–November	Januar–März
Tomate	Juni–Juli	August–September	Oktober–November
Wassermelone	Juli	August–Dezember	Januar
Zucchini	Juni	Juli–Oktober	November
Zwiebel	Mai–Juni	Juli–September	Oktober–Februar

DAS RICHTIGE GERÄT

WERKZEUGE UND MESSER

Um dekorative und Appetit anregende Dekorationen aus Obst und Gemüse herstellen zu können, braucht man das richtige Gerät.

Auf den folgenden Seiten werden einige der wichtigsten Werkzeuge und ihre Anwendungsmöglichkeiten vorgestellt.

Apfelentkerner

Mit Hilfe der scharfen Zacken wird der Apfelentkerner an der Blüte in die Frucht eingedreht und das Gehäuse herausgezogen.

Es können auch große Früchte damit perforiert werden, beispielsweise um Blumen darin festzustecken.

TISCHDEKORATIONEN WERKZEUGE UND MESSER

Buntschneider

Das Messer, das die uns bekannten, gewellten Scheiben von Roter Beete, Gurken und Möhren schneidet, bringt auch Butter und Käse in eine attraktive Form.

Dekoriermesser

Sticht man beispielsweise Melonen oder Kürbisse rund um ihren „Äquator" ein, erhält man zwei gezackte, dekorative Hälften.

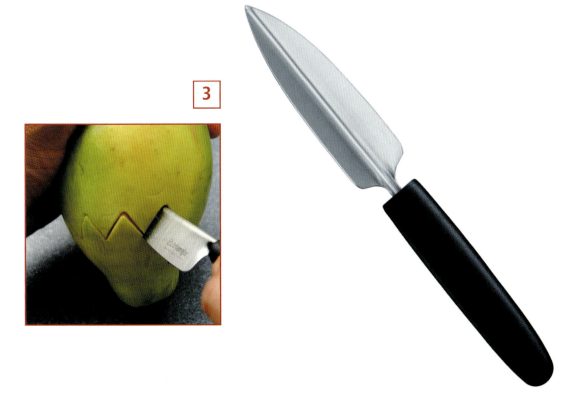

27

TISCHDEKORATIONEN WERKZEUGE UND MESSER

Julienne-Schneider

Der Julienne-Schneider dient zum Schneiden feiner Streifen aus Möhren, Zucchini, Gurken und anderen nicht zu weichen Gemüsearten.

Ob zum Garnieren oder zur Herstellung langer Gemüsespaghetti – der Kreativität sind damit kaum Grenzen gesetzt.

Kartoffelspirale

Spiralen aus Kartoffeln, Rettich, Möhren und anderem Hartgemüse versetzen die Gäste immer wieder in Erstaunen.

Das Gerät mit der Spitze in die Frucht eindrehen und mit der fertigen Spirale wieder herausdrehen.

Die ausgehöhlte Frucht kann beispielsweise mit Frischkäse gefüllt werden.

TISCHDEKORATIONEN WERKZEUGE UND MESSER

6

Kerbmesser

Mit dem Kerbmesser lassen sich Kerben unterschiedlicher Tiefe erzeugen.

Kleine Gemüse wie Radieschen können damit ebenso erfolgreich bearbeitet werden wie Kürbisse.

TISCHDEKORATIONEN WERKZEUGE UND MESSER

Kugelformer
Parisienneausstecher, Kartoffelbohrer, Kugelausstecher

Kleiner Einsatz, große Wirkung: Kugeln aus Melonen, Papaya, Mango, Butter oder Kartoffeln (sogenannte „pommes parisiennes") machen Spaß und jede Speise zu etwas Besonderem.

Den Kugelformer gibt es nicht nur in verschiedenen Größen, sondern auch in unterschiedlichen Formen, wie zum Beispiel oval oder mit Wellen.

Perlenausstecher

Der „Mini"-Kugelformer liefert kleine Perlen. Er eignet sich besonders zur Dekoration von Tellergerichten und Desserts. Für das Schnitzen filigraner Formen und Figuren ist der Perlenausstecher unverzichtbar.

TISCHDEKORATIONEN WERKZEUGE UND MESSER

9

Spiralschneider

Wie beim Bleistiftspitzen werden Rettich, Möhren und andere Hartgemüse durch den Spiralschneider geführt und eine Spirale herausgedreht. Wunderbar einfach mit faszinierender Wirkung.

Zester
Fadenreißer, Fadenschneider, Zestenreißer, Julienne-Reißer

Mit der feinen Lochung können dünne Streifen zum Beispiel aus Schalen von Zitrusfrüchten oder aus Schokolade hergestellt werden.

10

31

TISCHDEKORATIONEN WERKZEUGE UND MESSER

11

Ziseliermesser

Das Ziseliermesser dient zum Kerben von Obst und Gemüse unterschiedlicher Härte. Dadurch, dass es über die Frucht gezogen wird und die Tiefe der Einkerbung genau definiert ist, ist seine Handhabung besonders einfach.

12

Sparschäler/Pendelschäler

Sparschäler oder Pendelschäler sind das Muss in jeder Küche. Schneller und effizienter als mit diesem Gerät lässt sich keine Frucht von ihrer Schale befreien.

TISCHDEKORATIONEN WERKZEUGE UND MESSER

**Das triangle®
Schnitzmesser-Set**

Das triangle® Schnitzmesser-Set enthält die für eine Grundausstattung erforderlichen Spezialmesser, um Früchte und Gemüse dekorativ und professionell bearbeiten zu können.

Die unterschiedlich geformten Klingen, gehärtet und handgeschärft, ermöglichen das Ausarbeiten feiner Formen und Konturen.

Die im vorderen Teil mit einem Softgrip versehenen und ergonomisch geformten Griffe garantieren eine sichere Führung.

Alle Teile sind spülmaschinenfest.

TISCHDEKORATIONEN WERKZEUGE UND MESSER

Schnitzwerkzeuge im engeren Sinne

Die rund gebogenen Messer **[A und B]** werden beispielsweise für die Herstellung kreisförmig angeordneter Blütenblätter, Schuppen oder Ornamente benötigt. Je kleiner der Durchmesser dieser Werkzeuge ist, umso feiner sind die Formen, die mit ihrer Hilfe erzeugt werden.

Die so genannten **V-Messer [C und D]** sind unerlässlich, wenn es darum geht, Spitzen, schlanke Kerben und markante Muster auszuarbeiten.

Sie wurden speziell für die Herstellung filigraner Blätter, markanter Zierden und präziser Rillen entwickelt.

Mit dem **Kantenmesser [E]** lassen sich ebenfalls Blütenblätter und Ornamente erzeugen.

TISCHDEKORATIONEN WERKZEUGE UND MESSER

Das **Sichelmesser [F]** ist das am häufigsten gebrauchte und für fast jede Dekoration erforderliche Werkzeug.

Seine lange, gebogene, zur Spitze hin flexibel geschliffene Klinge ermöglicht ein präzises Einschneiden der Schale, die Ausarbeitung bizarrer Formen und das Nachfahren komplizierter Linien.

Der **Kugelformer [G]** ist der Schlüssel zur Herstellung attraktiver Kugeln aus Papayas, Melonen, Kartoffeln, Rettichen und anderen Gemüsesorten.

Das **Schärfgerät [H]** besitzt eine spezielle Geometrie, die das Schärfen sowohl der runden als auch der spitzen Werkzeuge ermöglicht.

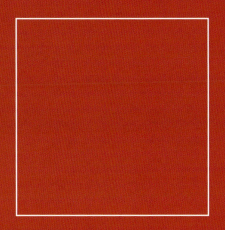

TELLERDEKORATIONEN

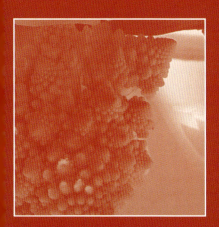
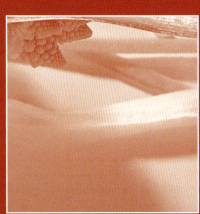

TELLERDEKORATIONEN

VERZIERTE KAROTTE

TELLERDEKORATIONEN VERZIERTE KAROTTE

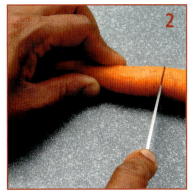

1.
Nehmen Sie eine große Karotte und schneiden Sie das Grün ca. 3 cm oberhalb des Stielendes ab.

2.
Schneiden Sie den unteren Teil der Karotte so ab, dass noch 6 bis 7 cm übrig bleiben, mit denen Sie weiterarbeiten.

3.
Schneiden Sie mit dem **Sichelmesser** die Karotte in Ihre ursprüngliche Form zurück.

4.
Mit dem **Kerbmesser** ziehen Sie nun Spiralen oder ein Karomuster in die Karotte.

Abschließend kann das Grün der Karotte mit Petersilienzweigen dekoriert werden.

TELLERDEKORATIONEN
RETTICHSPIRALE

TELLERDEKORATIONEN RETTICHSPIRALE

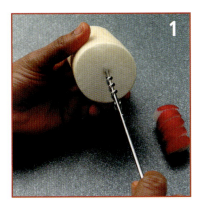

1.
Schneiden Sie ein etwa 6 cm langes Stück von einem weißen Rettich ab und stechen Sie den Dorn der **Kartoffelspirale** in den Mittelpunkt der Schnittfläche.

2.
Drehen Sie ihn dann langsam um die eigene Achse in das Rettichstück hinein.

3.
Wenn Sie nun die Kartoffelspirale durch das Werkstück hindurchgedreht haben, befreien Sie sie mit zwei gegenüberliegenden Schnitten. So können Sie das überflüssige Material in zwei Hälften auseinanderklappen und die Spirale liegt frei. Schneiden Sie nicht zu tief, da Sie sonst das Werkstück beschädigen könnten.

4.
Drehen Sie nun die Kartoffelspirale in die entgegengesetzte Richtung, um sie vorsichtig aus dem Werkstück zu befreien. Für Tellerdekorationen können Sie jede Art von Hartgemüse wie roten Rettich, Kartoffeln, Gurken, Zucchini etc. verwenden.

Verzieren Sie die Spiralen noch zusätzlich mit Petersilienblättern oder Dill.

TELLERDEKORATIONEN
TOMATENKRABBE

TELLERDEKORATIONEN TOMATENKRABBE

 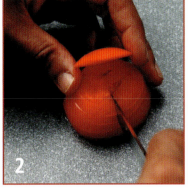 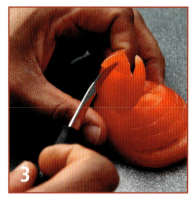

1.
Stellen Sie eine große Tomate auf den Stielansatz und schneiden Sie sechsmal parallel, gleichmäßig tief hinein.

Achten Sie darauf, dass die Scheiben nicht vollständig von einander getrennt werden. Das letzte Stück kann ganz abgetrennt werden, damit die Krabbe eine Standfläche erhält.

2.
Heben Sie die oberste Scheibe, die später der Krabbenkopf sein wird, vorsichtig an und schneiden Sie mit einem scharfen Messer die darunterliegenden Scheiben mittig durch.

3.
Schneiden Sie aus dem Krabbenkopf ein geschwungenes Dreieck heraus, damit unsere Krabbe ein Gesicht erhält.

4.
Drücken Sie nun vorsichtig auf den Krabbenkopf, damit sich die einzelnen Beinchen seitlich auseinanderschieben.

5.
Stechen Sie mit einem Zahnstocher zwei kleine Löcher für die Stielaugen in den Krabbenkopf und stecken Sie je eine Gewürznelke hinein.

 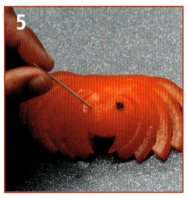

TELLERDEKORATIONEN

TOMATENBLUME

TELLERDEKORATIONEN TOMATENBLUME

1.
Schneiden Sie aus der Mitte einer Orange eine etwa 0,5 cm dicke Scheibe heraus.

2.
Nehmen Sie eine Kirschtomate und ritzen Sie mit einem scharfen Messer ein Kreuz in die Schale.

Achten Sie dabei darauf, dass Sie das Fruchtfleisch im Inneren nicht verletzen.

3.
Öffnen Sie ganz vorsichtig mit einem **Sichelmesser** die einzelnen Blütenblätter.

4.
Setzen Sie nun eine oder mehrere Kirschtomatenblüten auf die Orangenscheibe.

Sie können das Arrangement zusätzlich mit Petersilie oder Dillzweigen dekorieren.

TELLERDEKORATIONEN
GIRLANDE

TELLERDEKORATIONEN GIRLANDE

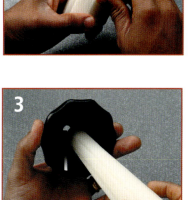

1.
Entfernen Sie von einem weißen Rettich die Blätter, sodass Sie einen etwa 25 cm großen Kegel erhalten. Schneiden Sie rings um das Werkstück Scheiben ab, um dem Kegel eine sechsseitige Form zu geben.

2.
Ziehen Sie auf jeder Fläche über die gesamte Länge mit dem **Kerbmesser** oder **Ziseliermesser** lange Kanälchen.

3.
Führen Sie nun den Rettich mit der Spitze voran in den **Spiralschneider**. Halten Sie dabei das Werkzeug fest in der einen Hand und drehen Sie den Rettich wie einen Bleistift beim Anspitzen.

4.
Drehen Sie gleichmäßig und ohne zu unterbrechen weiter, damit die Girlande nicht zerreißt.

Sie können außer Rettich auch andere feste Gemüse wie Karotten verwenden und so die Girlanden farblich kombinieren.

TELLERDEKORATIONEN
ZITRONENPUZZLE

TELLERDEKORATIONEN ZITRONENPUZZLE

1.
Stellen Sie die Zitrone mit der Spitze auf den Tisch und halten Sie sie gut fest. Stechen Sie mit einem scharfen Messer in der Mitte durch die Frucht hindurch und schneiden Sie von dort aus bis auf die Arbeitsfläche hinunter.

2.
Legen Sie die Frucht auf die Seite und führen Sie ein Messer mit einer breiter Klinge, wie hier z. B. ein Sägemesser, in den Schnitt ein. Mit dem zuvor verwendeten Messer schneiden Sie schräg über die Mitte der Zitrone bis zum Sägemesser hinunter.

3.
Drehen Sie das Objekt auf die andere Seite und führen Sie den gleichen Schnitt aus wie zuvor.

4.
Zum Schluss ziehen Sie das Sägemesser vorsichtig heraus. Wurden die Schnitte korrekt ausgeführt, fallen die Teile automatisch auseinander.

Richten Sie die beiden Puzzleteile mit einem Dill- oder Petersilienzweig auf einem Teller an und streuen Sie kleine Zucchiniwürfel ringsherum.

TELLERDEKORATIONEN

SERVIETTENRING AUS AUBERGINE

TELLERDEKORATIONEN SERVIETTENRING AUS AUBERGINE

1.
Sie benötigen ein etwa 5 cm langes Stück einer Aubergine.

2.
Halten Sie nun das **Sichelmesser** wie einen Stift und stechen Sie 0,5 cm unterhalb des oberen Randes ein. Schneiden Sie nun in gerader Linie herunter und beenden Sie den Schnitt etwa 0,5 cm oberhalb des unteren Randes.

Im zweiten Arbeitsschritt schneiden Sie von der oberen Kante etwa 2 cm herunter. Unterbrechen Sie den Schnitt für etwa 1 cm und führen Sie ihn dann in gleicher Linie bis zur unteren Kante fort.

Wiederholen Sie die beiden Arbeitsschritte abwechselnd solange, bis Sie einmal ganz um das Werkstück herum gekommen sind.

3. und 4.
Mit einem scharfen Messer schneiden Sie nun vorsichtig innen an der Schale entlang, um dann das Fruchtfleisch als Block herauszulösen.

Dieser flexible Ring kann auch für andere Tellerdekorationen eingesetzt werden. Bevorzugen Sie eine andere Farbe, verwenden Sie einfach eine gelbe oder grüne Zucchini.

TELLERDEKORATIONEN

GEFANGENE KUGEL

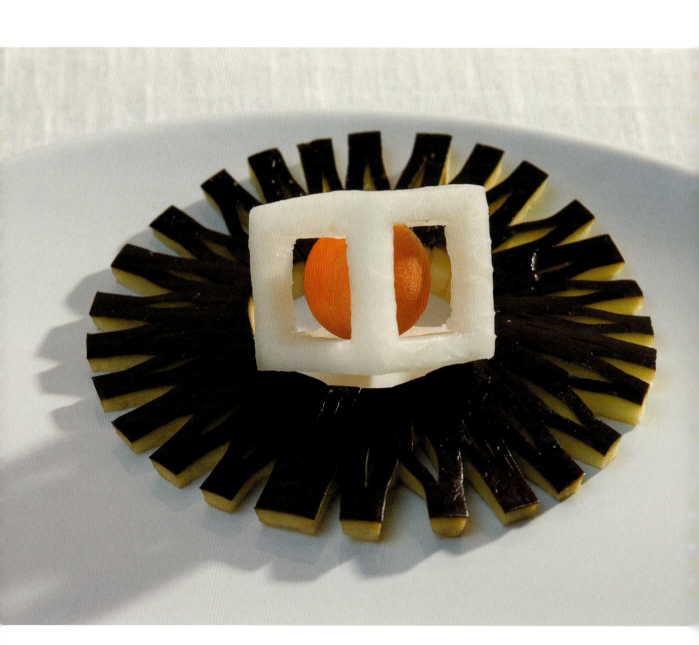

TELLERDEKORATIONEN GEFANGENE KUGEL

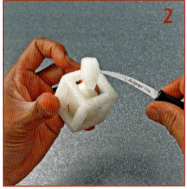

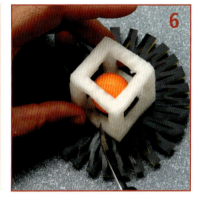

1.
Um einen schönen farblichen Kontrast zu erzielen, verwenden Sie am Besten weißen Rettich in Kombination mit einer Karotte.

Schneiden Sie eine etwa 4 cm dicke Scheibe von einem weißen Rettich ab. Formen sie daraus einen Würfel mit einer einheitlichen Kantenlänge von 4 cm.

2.
Markieren Sie mit einem **Sichelmesser** auf allen sechs Würfelseiten kleinere Quadrate. Achten Sie darauf, dass genügend Abstand zum Rand bleibt.

3.
Arbeiten Sie das Fruchtfleisch nun Stück für Stück aus dem Rahmen heraus. Beim Herausholen achten Sie bitte darauf, dass die Ränder nicht beschädigt werden. Das Objekt erhält so nach und nach die Form eines quadratischen Käfigs.

4.
Stechen Sie nun mit Hilfe eines **Kugelformers** eine Kugel aus einer Karotte heraus, die idealerweise im Durchmesser etwas größer als die Öffnung im Käfig sein sollte.

5.
Schieben Sie die Karottenkugel behutsam in den Käfig hinein.

Tipp
Für etwas geübtere Finger: Sie können die Kugel auch aus dem Material im Käfig formen, statt es herauszuschneiden. Die Schnitzerei ist zwar sehr viel anspruchsvoller, es entsteht so jedoch kein weiterer farblicher Kontrast.

6.
Als dekorative Unterlage für dieses Modell können Sie einen Serviettenring, die ausführliche Beschreibung finden Sie auf den Seiten 52 und 53, aus Aubergine verwenden.

Legen Sie ihn auf einen Teller und drücken Sie ihn vorsichtig flach. Setzen Sie den Käfig mit der gefangenen Kugel dekorativ hinein.

TELLERDEKORATIONEN

SCHMETTERLING AUS ROTER BEETE

TELLERDEKORATIONEN SCHMETTERLING AUS ROTER BEETE

1.
Halbieren Sie eine Rote Beete und schneiden Sie eine der Hälften ca. 2 mm tief parallel zum Rand ein.

Achten Sie darauf, dass Sie den Schnitt nicht ganz bis zum Ende führen, sondern etwa 3 mm als Verbindung stehen lassen.

2.
Wiederholen Sie das Ganze und führen Sie diesmal den Schnitt bis zum Ende durch, sodass Sie zwei miteinander verbundene Scheiben erhalten.

3.
Legen Sie die miteinander verbundenen Scheiben auf die Arbeitsfläche und entfernen Sie mit dem Schnitzmesser an der offenen Seite etwa einen Viertelkreis und runden Sie die entstandene Ecke leicht ab. Die Verbindung darf auch bei den weiteren Schritten nicht beschädigt werden.

4.
Lassen Sie das Objekt flach auf der Arbeitsfläche liegen und gestalten Sie nun mit zwei geschwungenen Bögen den Umriss der Flügel.

5.
Lockern Sie die Flügelflächen etwas auf, indem Sie zwei längliche Formen hineinschneiden und die Stücke vorsichtig entfernen.

6.
Nehmen Sie nun das Objekt in die eine Hand und spreizen Sie vorsichtig mit der anderen Hand die Flügel auseinander. Stecken Sie den unteren Teil der Fühler zwischen den Flügeln fest.

Stecken Sie den Schmetterling mit Hilfe eines Zahnstochers auf eine Blüte. Anregungen für verschiedene Blütenformen finden Sie bei der Buffet-Dekoration auf den Seiten 146 ff.

57

TELLERDEKORATIONEN
ZUCCHINIFÄCHER

TELLERDEKORATIONEN ZUCCHINIFÄCHER

1.
Schneiden Sie aus der Mitte einer Salatgurke eine etwa 4 cm dicke Scheibe heraus. Legen Sie die Scheibe auf eine Schnittfläche und trennen Sie seitlich ein Stück ab, um eine Standfläche zu erhalten.

2.
Stellen Sie das Werkstück nun auf die Standfläche und schneiden Sie mit einem scharfen Messer etwa 0,25 cm dicke Scheiben V-förmig ein. Achten Sie darauf, dass Sie nicht bis zur Arbeitsfläche herunterschneiden. Die einzelnen Scheiben müssen miteinander verbunden bleiben.

3.
Schälen Sie nun von der Standfläche ausgehend die Schale dünn in einem Stück ab. Lassen Sie aber ca. 1 cm der Schale, bevor Sie einmal um das Werkstück herumgeschnitten haben, stehen.

4.
Ebenso dünn schneiden Sie nun das Fruchtfleisch ein und lassen wiederum ca. 1 cm stehen.

5. und 6.
Rollen Sie zuerst die Schalen- und dann die Fruchtfleischstreifchen nach innen ein.

TELLERDEKORATIONEN
TOMATENVOGEL

TELLERDEKORATIONEN TOMATENVOGEL

1.
Schneiden Sie von der Tomate zuerst eine Scheibe mit dem Stielende ab, damit das Objekt eine Standfläche erhält und stabil stehen kann.

Führen Sie nun mit einem scharfen Messer von rechts oben sehr vorsichtig einen sauberen Schnitt und danach von links oben, damit eine V-Form entsteht.

2.
Schneiden Sie nun parallel zu diesem ersten V weiter ein. Es ist wichtig, dass die Schnitte sauber ausgeführt werden, da man ansonsten später die einzelnen Elemente nicht richtig auseinanderschieben kann.

3.
Nach etwa dem vierten V-Schnitt wiederholen Sie den Vorgang auch an den Seiten der Tomate und schneiden dort ebenfalls V-förmige Segmente heraus.

4.
Stellen Sie nun das Objekt auf die Arbeitsfläche und schieben Sie behutsam mit dem Finger die mittleren V-Elemente wie einen Fächer auseinander.

Fächern Sie die seitlichen Elemente in entgegengesetzter Richtung auseinander.

TELLERDEKORATIONEN
FISCH

TELLERDEKORATIONEN FISCH

1.
Schneiden Sie aus einem Kürbis ein ovales Stück von 15 cm Länge und etwa 6 cm Breite heraus und schneiden Sie an einer Seite ein dünnes Stück ab, um eine Standfläche zu erhalten. Bringen Sie das Werkstück mit einem **Sichelmesser** grob in eine Fischform.

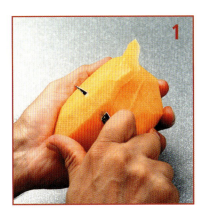

2.
Um den Kopf deutlich vom Schwanz zu trennen, schnitzen Sie eine Taille und geben Sie dem Kopf eine runde Form.

3.
Schneiden Sie für die Augenbrauen je zwei große Bögen parallel in das Werkstück. Schneiden Sie dann jeweils außen, den Bögen folgend, Fruchtfleisch weg, damit die Brauen deutlich hervortreten können.

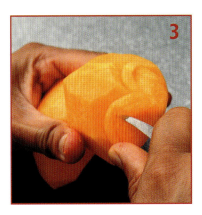

TELLERDEKORATIONEN FISCH

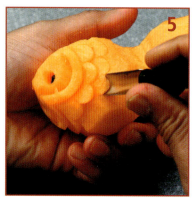

4.
Unterhalb der Augenbrauen stechen Sie, da wo die Augen sitzen sollen, mit dem kleinen, rund gebogenen **Schnitzmesser** zwei kleine Löcher und setzen Auberginenstückchen ein, die Sie zuvor mit demselben Werkzeug herausgearbeitet haben.

5.
Stechen Sie mit dem großen, rund gebogenen **Schnitzmesser** hinter den Brauen in einem großen Bogen nebeneinander schräg nach unten die Fischschuppen ein.

6.
Nach jeder beendeten Schuppenreihe schneiden Sie mit einem **Sichelmesser** an der Bogenreihe entlang einen Streifen Fruchtfleisch ab, damit die Schuppen plastisch hervortreten.

TELLERDEKORATIONEN FISCH

7.
Bearbeiten Sie mit dem Schnitzmesser die Schwanzflosse.

8.
Schneiden Sie aus einem Kürbiswürfel von 4 cm Kantenlänge drei 0,5 cm schmale Scheiben heraus. Legen Sie für die Seitenflossen zwei Scheiben übereinander und schneiden Sie die Flossenform heraus. Verzieren Sie die Ränder mit Hilfe des kleinen, rund gebogenen Schnitzmessers.

Die Rückenflosse wird aus der dritten Scheibe herausgearbeitet und sollte schmaler und länglicher sein als die Seitenflossen.

9.
Ziehen Sie nun mit Hilfe des **Ziseliermessers** der Länge nach je eine tiefe Rille in die Seiten und auf den Rücken.

10.
Stecken Sie nun die Seitenflossen und die Rückenflosse in die vorgesehenen Rillen.

TELLERDEKORATIONEN
ZITRUSKÖNIG

TELLERDEKORATIONEN ZITRUSKÖNIG

1.
Schneiden Sie von einer Orange oder einer Zitrone die Spitze und den Stielansatz ab, sodass Sie eine etwa 2 cm dicke Scheibe erhalten.

2.
Schälen Sie die Schale der Scheibe rundherum in einem Stück ab, lassen Sie aber ca. 1 bis 2 cm stehen.

3.
Halbieren Sie die Scheibe und verwenden Sie nur die Hälfte mit dem Schalenstrang weiter.

4.
Legen Sie das Werkstück auf den „Rücken" und halten Sie dabei den Schalenstrang fest. Schneiden Sie nun von beiden Seiten dünne, schräge Streifchen in den Schalenstrang.

5.
Stellen Sie das Objekt mit der gefiederten Schale nach oben auf die Schnittfläche und schlagen Sie sie in einem Bogen zurück. Benutzen Sie Zahnstocher, um den Schalenbogen an der Orange festzustecken.

Den Zitruskönig können Sie nun mit weiteren Blüten – eine ausführliche Beschreibung für eine passende, filigrane Blüte finden Sie auf den Seiten 152 ff. – oder aber auch mit Zesten auf dem Teller weiter dekorieren.

6.
Zesten können ebenso wie Julienne – eine Beschreibung finden Sie auf Seite 71 – als zusätzliches dekoratives Element eingesetzt werden. Im Gegensatz zu Julienne werden Zesten nicht geschnitten, sondern gerissen und sind kürzer und gebogen.

Als Material sollten festere Früchte wie zum Beispiel Zitronen gewählt werden. Ziehen Sie einen **Zester** mit etwas Druck an der Zitronenschale entlang. Die fertigen Zesten fallen automatisch herab.

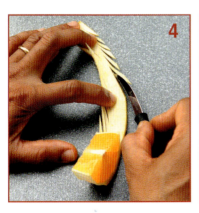
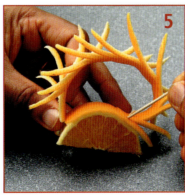

TELLERDEKORATIONEN

BIENE

TELLERDEKORATIONEN BIENE

1.
Schneiden Sie ein etwa 7 bis 8 cm langes Stück von einem weißen Rettich ab. Dieses Stück sollte an einem Ende spitz zulaufen.

Schälen Sie es mit einem **Sichelmesser** und schnitzen Sie das Werkstück in die Form eines Bienenkörpers.

2.
Stecken Sie einen Zahnstocher als Bienenstachel in das spitze Ende des Körpers.

3.
Mit dem **Kerbmesser** überziehen Sie den Körper mit parallelen Querrillen.

4.
Für die Augen stechen Sie mit einem kleinen, rund gebogenen **Schnitzmesser** zwei kleine Löcher aus.

TELLERDEKORATIONEN BIENE

5.
Mit demselben Werkzeug stechen Sie zwei passende Zylinder aus einer Aubergine und setzen Sie sie in die vorbereiteten Löcher ein.

6.
Schneiden Sie ein weiteres 4 cm langes Stück Rettich ab und stellen Sie den Zylinder auf die Schnittfläche.

Schneiden Sie aus der Mitte zwei etwa 0,5 cm dicke Scheiben heraus.

7.
Legen Sie die beiden Scheiben aufeinander und schneiden Sie für die Flügel eine Herzform heraus.

8.
Schneiden Sie nun zwei kleine längliche, ovale Figuren in jeden Flügel hinein und entfernen Sie die überflüssigen Stücke.

TELLERDEKORATIONEN BIENE

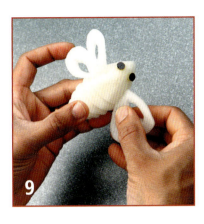

9.
Schneiden Sie auf der rechten und der linken Seite des Bienenkörpers jeweils einen Spalt hinein, um die Flügel einsetzen zu können.

Diese Spalten sollten tief genug sein, damit Sie die Flügel richtig feststecken können.

10.
Halbieren Sie eine Papaya und verwenden Sie den kugeligen Teil.

Setzen Sie mit dem Kerbmesser in der Mitte an und führen Sie es in einer engen Spirale bis hinunter zur Schnittfläche.

11.
Befestigen Sie die Biene mit Hilfe eines Zahnstochers auf der Spitze.

12.
Als weiteres Dekorationselement bieten sich lange, feine Streifen, sogenannte Julienne an.

Benutzen Sie hierfür ein weiches Gemüse wie Gurke oder Zucchini und ziehen Sie den **Julienne-Schneider** darüber.

Für farbliche Kontraste verwenden Sie unterschiedliche Gemüseschalen, die Sie anschließend mischen.

TELLERDEKORATIONEN
PAPAYABLÜTE

TELLERDEKORATIONEN PAPAYABLÜTE

1.
Wählen Sie eine besonders große Papaya aus. Stechen Sie nun entlang ihres Äquators mit dem **Dekoriermesser** tief in die Frucht hinein.

Ziehen Sie es heraus, drehen Sie es um und stechen Sie es wieder hinein. So entsteht eine Zick-Zack-Linie.

2.
Trennen Sie nun ganz vorsichtig die beiden Papayahälften voneinander. Verwenden Sie die schmal zulaufende obere Hälfte und schneiden Sie den Stielansatz ab, um eine Standfläche zu erhalten.

3.
Schneiden Sie von oben etwa 3 bis 4 cm tief parallel zur Schale mit einem Abstand von etwa 0,5 cm einmal herum, damit die Blütenblätter hervortreten.

Führen Sie danach außen, zwischen den einzelnen Blütenblättern, jeweils einen etwa 1 cm langen und ebenso tiefen Schnitt nach unten.

4.
Schneiden Sie von außen in jedes Blütenblatt etwa 0,5 cm tief die Form eines länglichen Blättchens hinein, damit die großen Blätter „aufblühen" können.

5.
Drücken Sie nun die kleinen Blättchen nach innen und ziehen Sie mit dem Daumen die großen Blätter nach außen.

6.
Die schwarzen Papayasamen sind nicht essbar, sollten aber nicht entfernt werden, da sie einen schönen farblichen Kontrast als Blütenmitte bieten.

TELLERDEKORATIONEN
GURKENKROKODIL

TELLERDEKORATIONEN GURKENKROKODIL

1.
Nehmen Sie eine Salatgurke und schneiden Sie über die gesamte Länge eine dünne Scheibe ab, um eine Stand- bzw. Liegefläche zu erhalten. Schneiden Sie danach etwa ein Viertel der Gurke gerade ab.

2.
Legen Sie die Gurke auf den „Bauch" und schneiden Sie etwa 3 cm vom rundlichen Ende entfernt auf beiden Seiten je eine v-förmige Kerbe hinein.

3.
Schneiden Sie nun auf jeder Seite des Körpers vier dünne Scheiben ab; arbeiten Sie dabei vom abgeschnittenen Ende hin zum rundlichen. Dort müssen die Scheiben aber mit dem Gurkenkörper verbunden bleiben.

4.

Formen Sie mit zwei seitlich angesetzten, aufeinander zulaufenden Schnitten ein Krokodilmaul.

5.

Schneiden Sie rechts und links regelmäßige Zacken als Zahnreihe in das Krokodilmaul.

6.

Trennen Sie vorsichtig mit einem horizontalen Schnitt die Schale vom Fruchtfleisch, um einen Ober- und Unterkiefer zu erhalten.

TELLERDEKORATIONEN GURKENKROKODIL

7.
Gravieren Sie mit dem **Kerbmesser** auf dem Rücken kurze, parallele Rillen ein.

8.
Benutzen Sie nun das kleine, gebogene **Schnitzmesser**, um dort wo die Augen sitzen sollen zwei Zylinder auszustechen. Ziehen Sie diese ein kleines Stück weit heraus.

9.
Biegen Sie nun vorsichtig vom Kopf ausgehend auf jeder Seite den ersten und dritten seitlichen Streifen nach hinten um und stecken ihn fest.

10.
Formen Sie eine Zunge aus der Schale einer gelben Zucchini und stecken Sie sie dem Krokodil ins Maul.

TELLERDEKORATIONEN
KREBSE

TELLERDEKORATIONEN KREBSE

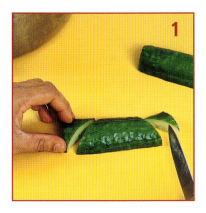

Zwei lebendig aussehende Krebse, der eine aus grüner, der andere aus gelber Zucchini geschnitten. Die Augen wurden in Kontrastfarben gefertigt und fixiert. Ein fein geschnitztes Zucchiniblatt, zusammen mit einem Dillzweig, vervollständigt die Attraktivität der Tellerdekoration.

1.
Schneiden Sie der Länge nach 9 cm von einer grünen bzw. gelben Zucchini (oder Gurke) ab und halbieren Sie die Stücke längs. Nehmen Sie einen Teil und schneiden Sie auf jeder Seite 2 cm schräg nach außen ab, wobei Sie die 9 cm an der Unterseite beibehalten.

2.
Schneiden Sie an beiden schräg angeschnittenen Seiten vier dünne Streifen (ebenfalls schräg) ein. Beachten Sie, dass der Schnitt nicht bis zum Ende des oberen Körperteils erfolgt.

3.
Ziehen Sie die vier Streifen der Krebsscheren vorsichtig zur Seite und kürzen Sie sie um etwa 1 cm (das abgeschnittene Stück wird in etwa die Form eines Dreiecks haben). Schneiden Sie danach an beiden Seiten die spitz zulaufenden Scheren.

4.
Stechen Sie mit einem feinen Schnitzwerkzeug die Augen aus. Achten Sie dabei darauf, dass diese zurückgesteckt werden können, sodass der weißliche Teil des Fleisches zu sehen ist und die Stückchen tatsächlich Augen ähneln.

5.
Falten Sie schließlich, wie auf der Abbildung zu sehen ist, jeden zweiten Streifen der Krebsscheren nach innen. Der Rest der Streifen sollte beibehalten werden.

TELLERDEKORATIONEN

CHAMPIGNON-RINGELBLUME

TELLERDEKORATIONEN CHAMPIGNON-RINGELBLUME

Besonders geeignet für dunkle Menüteller: Die einfachen, aber prächtig aussehenden Blumen werden sauber und ordentlich aus weißen Champignons geschnitten. Ein einzelnes Zucchiniblatt und ein hübscher Dillzweig runden die Dekoration ab.

1.
Nehmen Sie zwei recht große, saubere Champignons und verwenden Sie das **Gemüsemesser**. Lassen Sie in der Mitte einen kleinen Kreis stehen und beginnen Sie, das Messer rundherum in den Champignon zu drücken. Halten Sie das Messer dabei mit dem Daumen fest und stützen Sie es mit dem Rest der Finger.

2.
Die nächste Reihe sollten Sie versetzt anlegen. Drücken Sie die Messerspitze zwischen die erste Reihe der Blütenblätter.

3.
Die dritte Reihe sollte ebenso gefertigt werden, versetzt zur zweiten Reihe der Blütenblätter. Diese Methode lässt sich bis zum Fertigstellen der Blume anwenden.

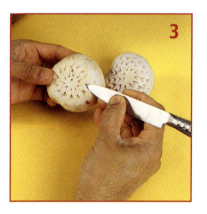

Tipp:
Natürlich können Sie auch dunklere Pilze für diese Dekoration verwenden.

TELLERDEKORATIONEN

KONTRASTIERENDE FÄCHER

TELLERDEKORATIONEN KONTRASTIERENDE FÄCHER

Zwei traditionelle Fächer aus grünen und gelben Zucchini, mit schwarzen Oliven, einem Petersilienzweig und ein paar Stielen Schnittlauch arrangiert, setzen auf dem Teller farbige, kontrastreiche Akzente.

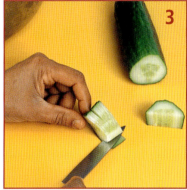

1.
Nehmen Sie eine 2 cm dicke Zucchinischeibe (Sie können auch Gurke nehmen, so wie wir in unserer Anleitung) und schneiden Sie sie in zwei Hälften. Halten Sie das Stück (dunkle Seite nach oben) zwischen Daumen und Zeigefinger und schneiden Sie zu sich hin dünne Streifen, ohne das Zucchiniende zwischen Ihren Fingern abzuschneiden.

2.
Hier sind die säuberlich geschnittenen Scheiben zu sehen. Arbeiten Sie sorgfältig, ansonsten wird der Fächer nicht richtig aufgehen.

3.
Drehen Sie die dunkle Seite zur Schneidefläche nach unten. Beginnen Sie am unbeschnittenen Ende und schneiden Sie schließlich die dunkle Schale auf der anderen Seite ein. Achten Sie dabei darauf, die Schale nicht vollständig zu entfernen.

4.
Drehen Sie die dunkle Seite wieder nach oben und falten Sie jedes zweite Blütenblatt nach innen. Drehen Sie den unbeschnittenen Teil nach oben und legen Sie das Stück für ein paar Minuten in Eiswasser. Es öffnet sich wie ein Fächer.

TELLERDEKORATIONEN

GEMÜSE-POTPOURRI

TELLERDEKORATIONEN GEMÜSE-POTPOURRI

Eine Blume aus Radieschen ziert die Mitte der Girlande aus Gurken- und gelben Zucchini-Blüten. Das Ganze wird ergänzt durch zwei Olivenfächer. Im Zentrum befindet sich ein kleiner Dillzweig.

1.
Für diese Blume sollten Sie ein großes Radieschen verwenden. Benutzen Sie das **Ziseliermesser** und schälen Sie die Blütenblätter, an der Spitze sehr fein, aber zur Unterseite hin kräftiger (ansonsten fallen die Blätter leicht ab, wenn sie nicht fest genug sitzen).

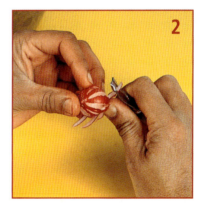

2.
Achten Sie beim Abschälen der Blütenblätter darauf, ausreichend große Lücken zu lassen.

3.
Nehmen Sie nach dem Fertigstellen der Radieschen-Blume ein 1 cm dickes Zucchinistück (gelb/grün) und Gurke, so wie beim Herstellen des Fächers auf Seite 58. Schneiden Sie jedoch nur drei feine Streifen (anstatt vier), der mittlere Streifen sollte nach innen gefaltet werden. Arrangieren Sie alle Teile so, dass die drei Farben sich abwechseln. Legen Sie zusätzlich einen Dillzweig in die Mitte.

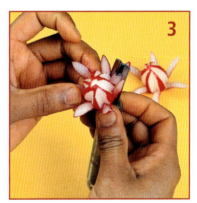

TELLERDEKORATIONEN

TOMATENBOUQUET

TELLERDEKORATIONEN TOMATENBOUQUET

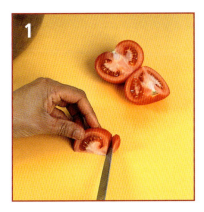

Ein Viertel einer Tomate wird der Länge nach eingeschnitten, noch einmal zerteilt und danach so auseinandergebreitet, dass es einem Band ähnelt. Als Farbakzente dienen ein Dillzweig, Schnittlauchstängel und ein paar schwarze Oliven.

1.
Halbieren Sie eine Tomate der Länge nach. Die Hälften sollten, ebenfalls der Länge nach, in drei gleich Teile gespalten werden. Schneiden Sie die Ecke eines Stückes ab, sodass dieses später fest auf dem Teller stehen kann.

2.
Legen Sie das Tomatenstück mit der Hautseite auf die Arbeitsfläche. Führen Sie im Abstand von ca. $1/2$ cm einen Parallelschnitt zur Hautseite aus und stoppen Sie diesen kurz vor dem Ende.

3.
Halten Sie das Tomatenstück mit der Hautseite nach oben und schneiden Sie eine kleine Blattform tief hinein.

4.
Stellen Sie das Tomatenstück nun auf das abgeschnittene Ende und drücken Sie das kleinere Blatt nach innen, um das größere zu stützen.

Tipp:
Achten Sie, wenn Sie Ihre Teller dekorieren, darauf, zwei Tomatenstücke gegeneinander zu legen und Dill, Schnittlauch und schwarze Oliven hinzuzufügen.

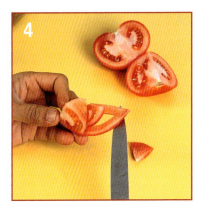

TELLERDEKORATIONEN

MEHR ALS BLUMEN...

TELLERDEKORATIONEN MEHR ALS BLUMEN...

Zwei Blumen aus Gurke und der gelben Schale einer Zucchini, gefertigt mit dem **Ziseliermesser**. Der Stempel besteht aus ausgehöhlter Karotte und Rettich. Zwei große Petersilienblätter lassen das Ganze noch attraktiver aussehen.

1.
Schneiden Sie etwa 8 cm vom Stielende einer Gurke oder einer Zucchini ab. Beginnen Sie am abgeschnittenen Ende und schälen Sie mit dem Ziseliermesser nach unten. Lassen Sie dabei etwa 2 cm vom Stiel stehen.

2.
Schneiden Sie mit dem Tourniermesser die 2 cm Stielende ab und entfernen Sie sie vom Rest der Blume. Dabei sollten Sie darauf achten, die Blütenblätter nicht zu verletzen.

3.
Formen Sie mit dem Ausbohrer einen Blütenstempel aus Gurke oder Zucchini.

4.
Befestigen Sie den Stempel mit einem Zahnstocher in der Mitte der Blüte. Danach sollte die komplette Blume in Eiswasser gelegt werden, sodass die Blütenblätter sich prächtig öffnen können.

SECHSBLÄTTRIGE SONNENBLUME

Diese Blume wird aus dem Stielende einer gelben Zucchini gefertigt (was den Blütenblättern einen weißen Schatten verleiht), der Stempel besteht aus grüner Zucchini. Zwei kleine Stängel Petersilie vollenden die Tellerdekoration.

Folgen Sie zur Erstellung der Sonnenblume den Anleitungen zur Lotusblume in Übung 6 (vgl. Seite 140 f.)

TISCHDEKORATIONEN

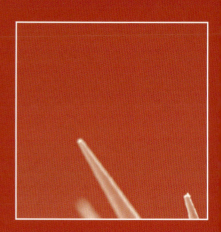

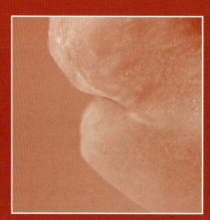

TISCHDEKORATIONEN
ELEFANTENWANDERUNG

Weiße Rettichelefanten mit dunklen Auberginenaugen auf ihrer Wanderung durch die Sprossensavanne mit Rettich-Romanescobäumen.

TISCHDEKORATIONEN ELEFANTENWANDERUNG

TISCHDEKORATIONEN ELEFANTENWANDERUNG

TISCHDEKORATIONEN ELEFANTENWANDERUNG

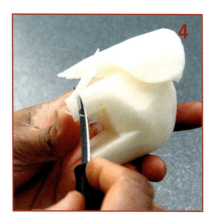

1.
Schneiden Sie ein etwa 10 cm langes Stück aus der Mitte eines weißen Rettichs heraus und schälen es. Nehmen Sie die Schnittflächen zwischen Daumen und Zeigefinger. Arbeiten Sie nun mit einem **Sichelmesser** die Elefantenohren und den Rüssel aus dem Werkstück heraus.

2.
Formen Sie danach die Rückenpartie und einen runden Hinterleib.

3.
Entfernen Sie sorgfältig das überschüssige Material zwischen Rüssel und Vorderbeinen.

4.
Erarbeiten Sie nun den groben Umriss der Vorder- und Hinterbeine

Die Beine müssen gleich lang sein, damit das Tier auch gut stehen kann. Geben Sie den Beinen danach ihre endgültige Form.

5.
Nehmen Sie das **Kerbmesser** und ziehen Sie es vom unteren Ende der Hinterbeine nach oben. Schneiden Sie zunächst flach, nach oben hin tiefer ein. Der Elefantenschwanz sollte dann abstehen.

TISCHDEKORATIONEN ELEFANTENWANDERUNG

6.
Mit demselben Werkzeug ritzen Sie kurze, parallele Kerben in den Rüssel.

7.
Trennen Sie nun die beiden Vorder- und die beiden Hinterbeine voneinander, indem Sie jeweils ein Rechteck herausschneiden.

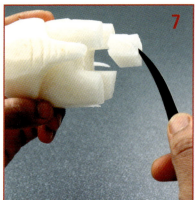

8.
Stechen Sie, da wo später die Augen sitzen sollen, mit dem kleinen, gebogenen **Schnitzmesser** zwei kleine Löcher.

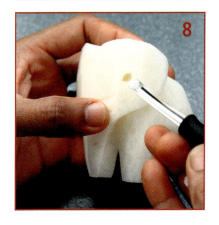

TISCHDEKORATIONEN ELEFANTENWANDERUNG

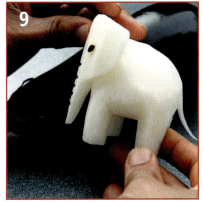

9.
Stechen Sie zwei passende Stücke aus einer Aubergine aus und setzen Sie diese als Auge ein.

10.
Lassen Sie eine Elefantenfamilie auf Ihrem Tisch durch eine Savannenlandschaft wandern.

Streuen Sie Sprossengras aus und pflanzen Sie Rettichbäume. Dann werden sich die Dickhäuter ebenso wohlfühlen wie Ihre Gäste.

Nehmen Sie einen 30 bis 35 cm langen Rettich und entfernen Sie das Grün mit einem geraden Schnitt, damit der fertige Baum später sicher stehen kann.

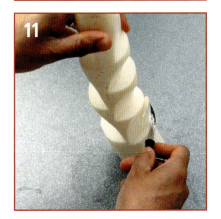

Schneiden Sie breite, einander versetzt gegenüberliegende Kerben in den Stamm hinein.

11.
Verteilen Sie die Stufen über die gesamte Länge und gleichmäßig rundherum.

12.
Trennen Sie nun kleine Romanesco- oder Broccoliröschen ab und stecken Sie diese mit der Hilfe von Zahnstochern auf dem Stamm fest.

TISCHDEKORATIONEN
WASSERBÜFFEL

Weiße Rettichwasserbüffel mit dunklen Auberginenaugen dösen zwischen Schnittlauchschilf und Blüten aus gelber Zucchini und rotem Rettich.

TISCHDEKORATIONEN WASSERBÜFFEL

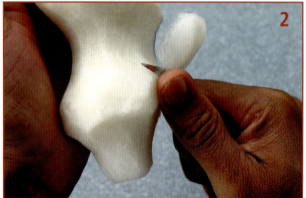

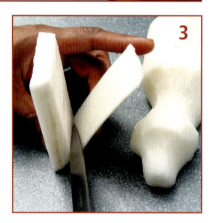

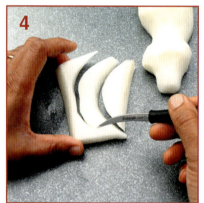

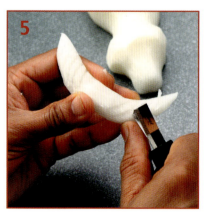

TISCHDEKORATIONEN WASSERBÜFFEL

1.
Schälen Sie ein etwa 20 cm langes Stück Rettich und halbieren Sie es anschließend der Länge nach.

Halten Sie eine Hälfte mit der Schnittfläche, auf der der Wasserbüffel später liegen soll, nach unten in der Hand und arbeiten Sie mit einem **Sichelmesser** eine Wölbung für den Nacken des Tieres aus.

2.
Drehen Sie nun das Werkstück erst auf die eine Seite, um eine Halswölbung einzuschneiden und dann auf die andere, um diesen Arbeitsschritt zu wiederholen. Vom Kopf ausgehend formen Sie jetzt den Körper des Büffels.

3.
Schneiden Sie aus der Mitte des übrigen Rettichs eine 2 cm dicke Scheibe heraus.

4.
Legen Sie die Scheibe hin und arbeiten sie die halbmondförmigen Hörner des Büffels heraus.

5.
Geben Sie den Hörnern mit Hilfe des **Kerbmessers** eine Struktur.

TISCHDEKORATIONEN WASSERBÜFFEL

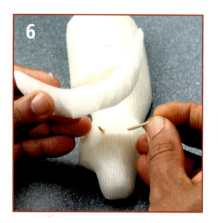
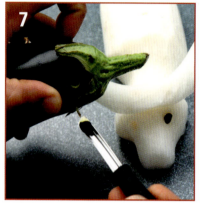
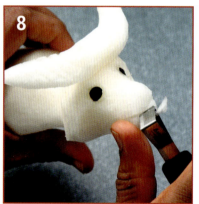
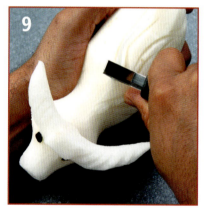

6.
Befestigen Sie die Hörner mit Hilfe von zwei Zahnstochern auf dem Büffelkopf.

7.
Stechen Sie dort, wo die Augen später sitzen sollen, zwei kleine Löcher mit dem kleinen, gebogenen **Schnitzmesser**, und setzen Sie zwei Zylinder, die Sie zuvor mit demselben Werkzeug aus einer Aubergine ausgestochen haben, als Augen ein.

8.
Formen Sie mit dem Kerbmesser so naturgetreu wie möglich ein Büffelmaul.

9.
Arbeiten Sie mit demselben Werkzeug kleine, geschwungene Kerben in den Körper, um die Struktur eines Fells nachzuahmen.

Legen Sie die Wasserbüffel in eine mit Wasser gefüllte Schale und zaubern Sie mit Schnittlauch, Dill und Petersilie eine üppige Sumpfkulisse.

Legen Sie bunte Streublümchen und Juliennestreifen ins Wasser. Wer es besonders realistisch sumpfig mag, kann das Wasser mit etwas Zuckerkulör einfärben.

Streublümchen

10.
Für diese kleinen Blümchen können Sie roten Rettich ebenso wie gelbe Zucchini verwenden. Stechen Sie mit einem kleinen, gebogenen **Schnitzmesser** senkrecht ca. 0,25 cm tief in den Rettich hinein und drehen Sie das Werkzeug um die eigene Achse.

11.
Nun arbeiten Sie mit dem selben Messer die winzigen Blütenblätter heraus, indem Sie einzelne Schnitte von außen schräg nach unten zur Blütenmitte führen. Heben Sie die einzelnen Stückchen vorsichtig heraus.

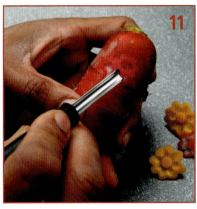
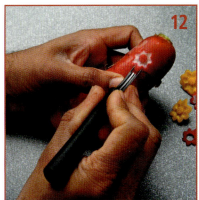

12.
Stechen Sie etwas nach außen versetzt abermals kreisförmig um die Blütenmitte herum schräg nach unten ein.

13.
Heben Sie die fertige Blüte vorsichtig vom Grund ab.

Die hier beschriebenen bunten Streublümchen können Sie als dekoratives Beiwerk in vielen Arrangements verwenden oder einfach nur auf dem Tisch verstreuen.

TISCHDEKORATIONEN IGEL IM GRAS

TISCHDEKORATIONEN
IGEL IM GRAS

Der Papayaigel ist mit vielen Zahnstocherstacheln bewaffnet. Er hockt auf Kohlrabiblättern im Schnittlauchgras, in Mitten vieler kleiner Blümchen aus rotem Rettich und gelber Zucchini.

TISCHDEKORATIONEN IGEL IM GRAS

TISCHDEKORATIONEN IGEL IM GRAS

1.
Schneiden Sie ein Stück von der Papaya ab, damit der Igel später fest stehen kann.

2.
Schälen Sie die Frucht mit einem **Spar-** oder **Pendelschäler**.

3.
Ziehen Sie etwa 5 cm vom Stielansatz entfernt mit dem **Kerbmesser** rings um die Frucht eine Kerbe, um eine Trennlinie zwischen Igelgesicht und Körper zu schaffen.

Kerben Sie parallel zur ersten Kerbe immer im Abstand von ca. 2 cm über den Körper.

TISCHDEKORATIONEN IGEL IM GRAS

4.
Wiederholen Sie diesen Arbeitsschritt nun der Länge nach, sodass ein gleichmäßiges Karomuster entsteht.

5.
Arbeiten Sie mit dem **Kerbmesser**, einige kurze Bögen in das Gesicht hinein, um Fell anzudeuten.

6.
Mit einem **Sichelmesser** geben Sie dem Igelgesicht eine realistische Form, indem Sie erst eine „Stirn" und dann eine „Schnauze" formen.

7.
Stechen Sie mit dem kleinen, gebogenen **Schnitzmesser** ein, formen Sie zwei kleine Löcher und stecken Sie je eine Gewürznelke hinein.

TISCHDEKORATIONEN IGEL IM GRAS

8.

In die kleinen Flächen zwischen den Rillen stechen Sie je einen Zahnstocher als Stachel hinein.

Um den Igel kunstvoll in Szene zu setzen arrangieren Sie ihn auf dem Tisch in seinem „natürlichen Lebensraum".

Setzen Sie ihn auf Kohlrabiblätter und streuen Sie ein paar bunte Blümchen um ihn herum. Die Beschreibung finden Sie auf Seite 105.

9.

Für den Schnittlauchrasen halbieren Sie eine grüne Zucchini und stechen Sie mehrere Zahnstocher kreuz und quer hinein.

10.

Schneiden Sie Schnittlauch in 9 bis 10 cm lange Stücke und stecken Sie die Schnittlauchröllchen auf die Zahnstocher.

TISCHDEKORATIONEN

ZUM VERWELKEN ZU SCHADE

Die kunstvoll verzierte Vase besteht aus einer Papaya. Die kleinen, fast transparenten Blüten sind aus rotem Rettich gefertigt worden, die Blütenmitten bestehen aus Zitronenschalen.

TISCHDEKORATIONEN ZUM VERWELKEN ZU SCHADE

TISCHDEKORATIONEN ZUM VERWELKEN ZU SCHADE

1.
Halbieren Sie eine Papaya und schneiden Sie am spitzen Ende ein Stück ab.

2.
Schälen Sie eine der Papayahälften mit einem **Spar-** oder **Pendelschäler** von Schnittfläche zu Schnittfläche.

3.
Mit dem **Kerbmesser** kerben Sie eine umlaufende Rille etwa 1 cm unterhalb der Schnittfläche hinein.

Unterhalb dieser Rille ziehen Sie nun kleine Halbkreise in die Frucht.

Achten Sie darauf, dass die Bögen gleichmäßig sind.

Schneiden Sie nun mit dem **Kantenmesser** zwei breite und tiefe Rillen parallel, im Abstand von 1 cm zueinander, in die Frucht.

TISCHDEKORATIONEN ZUM VERWELKEN ZU SCHADE

4.
Mit dem **Kerbmesser** schnitzen Sie rundherum ein Mäandermuster unterhalb der letzten umlaufenden Rille.

5.
Nehmen Sie nun die andere Papayahälfte zur Hand, schneiden Sie das spitze Ende ab und schälen Sie auch diese Hälfte.

Arbeiten Sie mit dem **Kantenmesser** 1 cm unterhalb der Schnittfläche eine breite, tiefe Rille in die Fruchthälfte.

6.
Schneiden Sie mit dem Kerbmesser von dieser Rille ausgehend Bögen hinein. Füllen Sie jeden der Bögen jeweils mit einem kleinen Bogen. Zum unteren Abschluss des Ornamentbandes schneiden Sie wieder mit dem Schnitzmesser eine breite Rille.

TISCHDEKORATIONEN ZUM VERWELKEN ZU SCHADE

7.
Verbinden Sie nun die zwei Papayahälften miteinander, indem Sie die beiden kleineren Schnittflächen mit der Hilfe von Zahnstochern aufeinanderstecken.

8.
Die fertige Vase kann nun mit einem Strauß frischer Blumen gefüllt werden.

Rotrandige Blüten aus rotem Rettich

Für einen üppigen Blumenstrauß aus duftig zarten Blüten eignet sich die nachfolgend beschriebene Blütenform besonders gut. Das Zusammenspiel der roten Schale mit dem weißen Fruchtfleisch des Rettichs macht diese Blütenform besonders interessant.

9.
Schälen Sie von einem roten Rettich von oben nach unten zur Spitze hin längliche Streifen ab. Drehen Sie das Werkstück nach jedem Schnitt und verteilen Sie die Schnitte so, dass Sie vier bis fünf Schnittflächen erhalten.

TISCHDEKORATIONEN ZUM VERWELKEN ZU SCHADE

10.
Danach schneiden Sie parallel, 0,5 cm nach oben versetzt, zu den zuvor gemachten Schnitten ein. Achten Sie dabei darauf, die einzelnen Blütenblätter nicht abzuschneiden.

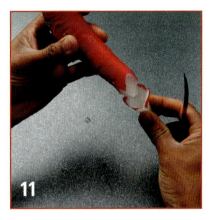

11.
Wenn Sie das letzte Blütenblatt ausgearbeitet haben, trennen Sie die Blüte mit einem Schnitt vom restlichen Stück Rettich ab.

12.
Mit dem **Perlenausstecher** formen Sie aus einer Zitrone eine Halbkugel für die Blütenmitte.

13.
Befestigen Sie die Zitronenhalbkugel mit Hilfe eines Zahnstochers in der Mitte der Blüte. Legen Sie die fertigen Blüten in Eiswasser, bevor Sie die Vase bestücken.

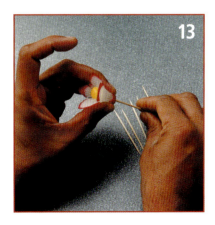

117

TISCHDEKORATIONEN

FRUCHTSCHALE MIT ZUCCHINIBECHER

Die exotische Schale, die mit kleinen, leckeren Fruchtbällchen gefüllt ist, lädt geradezu ein, sich zu bedienen. Um sich die Hände nicht schmutzig zu machen, benutzt man einfach Zahnstocher, die in einem Becher aus gelber Zucchini im Hintergrund bereit stehen.

TISCHDEKORATIONEN FRUCHTSCHALE MIT ZUCCHINIBECHER

TISCHDEKORATIONEN FRUCHTSCHALE MIT ZUCCHINIBECHER

1.
Halbieren Sie eine Melone längsseitig und ziehen Sie mit dem **Kerbmesser** etwa 2 cm unterhalb der Schnittfläche parallel eine Rille in eine der Hälften.

Schälen Sie die Fruchthälfte unterhalb dieser Rille sorgfältig ab.

2.
Schneiden Sie nun mit demselben Werkzeug, ausgehend von der Randkerbe, zwei Halbkreise im Abstand von 1 cm in die Melonenhälfte.

3.
Beginnen Sie in einem Abstand von 2 cm vom äußeren Halbkreis entfernt, mit einem **V-förmigen Schnitzmesser** schräg nach unten auf ihn zu zu schneiden.

Setzen Sie die Schnitte dicht nebeneinander, immer an dem äußeren Halbkreis entlang.

TISCHDEKORATIONEN FRUCHTSCHALE MIT ZUCCHINIBECHER

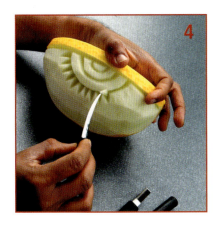

4.
Heben Sie die abgetrennten Stückchen mit einem scharfen Messer heraus.

5.
Wiederholen Sie diesen Arbeitsschritt in einem Abstand von etwa 1 cm und entfernen Sie danach mit einem **Sichelmesser** das dahinterliegende Fruchtfleisch, damit die einzelnen Zacken deutlich hervortreten.

6.
Von den Zackenzwischenräumen ausgehend schneiden Sie v-förmige Strahlen in die Frucht.

7.
Nachdem Sie die Kerne entfernt haben, stechen Sie mit Hilfe des **Kugelformers** die Melonenkugeln aus und legen Sie schließlich zurück in die ausgehöhlte Schale.

TISCHDEKORATIONEN FRUCHTSCHALE MIT ZUCCHINIBECHER

Zahnstocherbecher aus gelber Zucchini

8.
Schneiden Sie aus der Mitte einer gelben Zucchini ein ca. 8 cm langes Stück heraus. Arbeiten Sie mit dem Kerbmesser an dem oberen und an dem unteren Rand des Zucchinizylinders eine umlaufende Rille heraus.

9.
Halten Sie das Werkstück ganz vorsichtig und holen Sie mit einem kleinen **Perlenausstecher** aus der Mitte zwischen den beiden Kerben eine Halbkugel heraus und legen Sie sie zur Seite.

10.
Benutzen Sie nun das **V-förmige Schnitzmesser** und heben Sie etwa 0,5 cm lange, strahlenförmig um die ausgehöhlte Mitte angeordnete Schalenstreifen ab.

11.
Setzen Sie mit Hilfe eines Zahnstocherstückchens die aufbewahrte Halbkugel wieder in die Mitte des Sterns ein. Nun stechen Sie, etwas weiter nach außen versetzt, mit demselben Werkzeug wiederum 0,5 cm tief rundum ein.

TISCHDEKORATIONEN FRUCHTSCHALE MIT ZUCCHINIBECHER

12.
Schneiden Sie mit dem **Sichelmesser** ringförmig um den Stern herum und entfernen Sie das überflüssige Material. So lassen Sie den Stern plastisch hervortreten.

13.
Umranden Sie den Stern mit 0,5 cm kurzen Kerben.

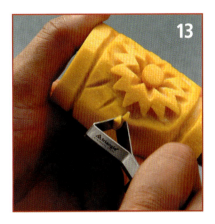

14.
Stellen Sie den Zylinder auf die Arbeitsfläche. Halten Sie das Objekt zwischen Daumen und Zeigefinger der linken Hand und stechen Sie mit dem Sichelmesser senkrecht, etwa 0,5 cm vom Rand entfernt, 3 cm tief in den Zylinder. Schneiden Sie parallel zum Rand.

15.
Höhlen Sie nun den Zucchinizylinder mit einem **Kugelformer** aus. Danach können Sie den Becher mit Zahnstochern füllen.

Diese natürliche, wunderschöne gelbe Lampe
besteht aus einer ausgehöhlten Honigmelone.
Im Innern der Melone brennt ein Teelicht.
Verziert wird das Ganze mit Blättern, geschnitzt
aus der Schale einer grünen Wassermelone.

TISCHDEKORATIONEN ABENDLICHT

TISCHDEKORATIONEN ABENDLICHT

1.
Verwenden Sie eine etwas größere Honigmelone und achten Sie auf eine schöne Färbung.

Ziehen Sie mit Hilfe des **Kerbmessers** von oben nach unten acht gleichmäßig über die Melone verteilte Rillen.

Wiederholen Sie diesen Arbeitsschritt, indem Sie nun horizontale Kerben in die Frucht schneiden.

2.
Nehmen Sie nun das eckige **Kantenmesser** und stechen Sie kleine, tiefe Rechtecke aus den Flächen zwischen den Kerben heraus.

3.
Bearbeiten Sie jedes einzelne Rechteck mit Geduld und Sorgfalt. Sie können auch ein **Sichelmesser** beim Herausholen zur Hilfe nehmen.

TISCHDEKORATIONEN ABENDLICHT

4.
Schneiden Sie die Melone an der „Rückseite" schräg an. Diese Schnittfläche dient später als Standfläche. Höhlen Sie vorsichtig die Melone über dieser Schnittfläche aus. Nehmen Sie dabei den **Kugelformer** zur Hilfe.

Stellen Sie die ausgehöhlte Honigmelone über ein Teelicht und bringen Sie so stimmungsvolles Licht an Ihren Tisch. Drapieren Sie noch Melonenblätter um die leuchtende Frucht, und eine eindrucksvolle Tischdekoration wartet auf Ihre Gäste.

Blätter aus Melonenschalen – zur Veranschaulichung wurde hier eine Honigmelone verwendet.

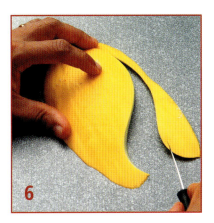

5.
Trennen Sie eine dicke Scheibe Melonenschale ab. Achten Sie dabei darauf, dass diese nicht zu dünn gerät, weil sie später sonst auseinanderfallen könnte.

6.
Legen Sie die abgetrennte Scheibe mit der Schale nach oben auf die Arbeitsfläche. Halten Sie sie mit einer Hand fest und arbeiten Sie mit einem **Sichelmesser** die Blattform heraus.

Halten Sie dabei das Messer wie einen Stift, denn das hilft dabei, gleichmäßig und in den richtigen Proportionen zu arbeiten.

7.
Arbeiten Sie mit dem **Kerbmesser** zwei geschwungene Linien als Blattachse heraus.

TISCHDEKORATIONEN ABENDLICHT

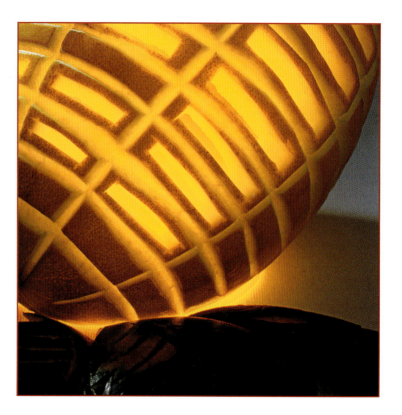

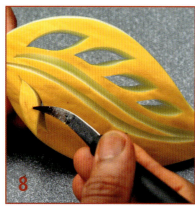

Von dieser Grundform ausgehend können Sie zwei unterschiedliche Blattarten herstellen: das durchbrochene Blatt oder das Reliefblatt.

Durchbrochenes Blatt

8.
Führen Sie von der Blattachse ausgehend schräg nach außen kleine, gebogene Schnitte. Diese Schnitte sollten der Blattform folgen und kleine, langgezogene Ovale bilden.

Achten Sie darauf, dass zwischen den Ovalen ein ausreichend breiter Grat stehen bleibt. Das Ornament kommt dann besonders schön zur Geltung. Entfernen Sie das Innere der Ovale.

9.
Empfinden Sie die Ovale an den Außenseiten des Blattes nach und geben Sie ihm seine endgültige Form.

Reliefblatt

10.
Von der Blattachse ausgehend ziehen Sie mit dem **Kerbmesser** gebogene Rillen zum Blattrand.

11.
Schneiden Sie mit dem **Sichelmesser** Zacken in den Außenrand des Blattes und geben Sie ihm seine endgültige Form.

TISCHDEKORATIONEN **SCHILDKRÖTE AM STRAND**

TISCHDEKORATIONEN

SCHILDKRÖTE AM STRAND

Unsere Schildkröte wird aus einer halben Honigmelone hergestellt. Bogenförmige Aussparungen in der Schale lassen diese wie einen Panzer aussehen. Kopf und Füße werden aus Karotte gearbeitet. Das Ganze lässt sich mit Blüten und Blättern zu einer schönen Dekoration vervollständigen.

TISCHDEKORATIONEN SCHILDKRÖTE AM STRAND

Bei der Honigmelone handelt es sich um eine köstliche, süße Frucht, die bei warmem Wetter besonders gern gegessen wird. Ein Durstlöscher, der auch wegen seiner Farbe besonders attraktiv ist, um daraus Dekorationsstücke zu schnitzen.

1.
Halbieren Sie eine Honigmelone der Länge nach.

2.
Nehmen Sie das **Ziseliermesser** und schälen Sie Bögen in die Schale hinein.

3.
Wiederholen Sie die Bögen in den nächsten Reihen, versetzt und etwas kleiner.

TISCHDEKORATIONEN SCHILDKRÖTE AM STRAND

4. und 5.
Schneiden Sie aus einer Karotte den Kopf der Schildkröte.

6.
Höhlen Sie mit einem feinen Schnitzwerkzeug vorsichtig die Augen aus.

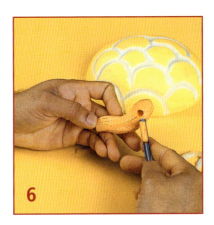

TISCHDEKORATIONEN SCHILDKRÖTE AM STRAND

7.
Ersetzen Sie die ausgehöhlten Stellen durch Stücke einer dunkleren Gemüsesorte, beispielsweise Rote Beete oder Wassermelone.

8.
Schneiden Sie aus dem Vorderteil einen etwa 1 1/2 cm großen Bogen heraus und fixieren Sie darin mit Zahnstochern den Karotten-Kopf.

9.
Fertigen Sie aus Karotte die Füße zunächst so wie den Kopf, nur, dass Sie diesen in Länge und Breite halbieren. Ziehen Sie leicht schräge Rinnen hinein (wie beim Blütenstempel der Calla, vgl. Seite 180 f.). Schneiden Sie an allen vier Seiten des Panzers kleine, bogenförmige Vertiefungen heraus und befestigen Sie dort die Füße.

TISCHDEKORATIONEN

ZUSAMMENTREFFEN EINER SCHNECKE UND EINES SCHWANENJUNGENS

Hier wird ein Rettich zum Schwan und eine Kohlrabi zum Schneckenhaus. Eine Karotte bildet Kopf und Schnabel. Lassen Sie beim Arrangieren Ihrer Phantasie freien Lauf, wir haben als zusätzliche Dekorationselemente Bananenblatt, Kürbis und Blüten verwendet.

TISCHDEKORATIONEN SCHNECKE UND SCHWANENJUNGE

1.
Schneiden Sie die obere Hälfte einer Kohlrabi ab und schälen Sie sie komplett.

2.
Trennen Sie auch horizontal eine Scheibe der Kohlrabi ab, sodass sie fest auf dem Untergrund stehen kann.

TISCHDEKORATIONEN SCHNECKE UND SCHWANENJUNGE

3.
Nehmen Sie ein spitz zulaufendes Schnitzwerkzeug und schälen Sie, von der Mitte beginnend, das Fruchtfleisch in Spiralform ab.

4. und 5.
Schnitzen Sie auf den Spiralen (mit demselben Werkzeug) im Abstand von $1/2$ cm 2 mm tiefe Kanäle.

Tipp:
Die Maße richten sich natürlich nach der Größe der Kohlrabi.

TISCHDEKORATIONEN SCHNECKE UND SCHWANENJUNGE

6.
Nehmen Sie eine Karotte und formen Sie einen Kopf wie in Übung 3 (Schildkröte, vgl. Seite 130 f.).

7.
Setzen Sie ebenso die Augen ein.

8.
Graben Sie nun mit einem dünnen Schnitzwerkzeug zwei kleine Löcher in den Kopf. Schneiden Sie mit demselben Werkzeug zwei Fühler aus Wassermelone oder Aubergine und lassen Sie beim Einsetzen das dunklere Stück der Schale oben.

9.
Höhlen Sie die Seite, an der die Spirale endet, aus und fixieren Sie schließlich den Kopf der Schnecke mit Zahnstochern.

Folgen Sie zur Erstellung des Schwanenjungen der Anleitung auf Seite 229 f.

TISCHDEKORATIONEN

ERLEUCHTUNG DES BUDDHA

Diese attraktive Lotusblume wird aus einer Galia-Melone gefertigt. Diese Sorte ist deshalb zu bevorzugen, weil ihre Schale nicht so hart und uneben ist wie die von anderen Melonen.

TISCHDEKORATIONEN ERLEUCHTUNG DES BUDDHA

TISCHDEKORATIONEN ERLEUCHTUNG DES BUDDHA

1.
Halbieren Sie die Melone horizontal.

2.
Nehmen Sie eine Schöpfkelle und höhlen Sie die Mitte der Frucht mit den Samen aus. Der Suppenlöffel eignet sich besonders dafür, ein sauberes und gleichmäßiges Loch zu formen.

3.
Schneiden Sie eine Melonenhälfte mit dem **Sichelmesser** achtmal gleichmäßig ein (3–4 cm tief).

4.
Beschneiden Sie die Abschnitte mit einem Schnitzmesser, abwechselnd schräg nach links und rechts, sodass acht Blütenblätter Form annehmen.

5.
Schneiden Sie die Melone rundum parallel zur Schale etwa 3–4 cm tief ein, sodass die Blütenblätter hervortreten.

6.
Schneiden Sie erneut 2 cm tief, parallel zum vorherigen Schnitt. Entfernen Sie vorsichtig die abgeschnittenen Melonenstücke dazwischen, damit die Blütenblätter zum Vorschein kommen können. Schnitzen Sie eine weitere Reihe.

7.
Schneiden Sie in die Außenseite jedes einzelnen Blütenblattes die Form eines normalen Blattes – etwa $1/2$ cm tief – hinein, sodass die größeren Blütenblätter „aufblühen", wenn Sie die kleineren Blätter von außen dagegen drücken (wie beim Tomatenbouquet, vgl. Seite 86 f.).

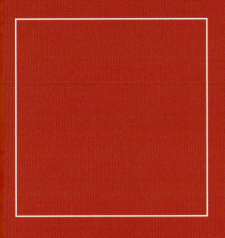

BÜFFETDEKORATIONEN

BÜFFETDEKORATIONEN

EIN WAHRER AUGENSCHMAUS

Die Blüten des exotisch anmutenden Arrangements wurden aus rotem Rettich geschnitzt. Die Blütenmitte besteht aus Zitronenschale. Die Vase selbst ist aus einer dunklen Wassermelone angefertigt worden. Einen dekorativen Rahmen bilden die Blätter, die aus Melonenschalen geschnitzt wurden.

BÜFFETDEKORATIONEN AUGENSCHMAUS

1.
Nehmen Sie eine große Wassermelone. Etwa 4 cm unterhalb des Stielansatzes schnitzen Sie mit einem **Sichelmesser** oder dem **Kerbmesser** der Rundung der Melone folgend, kurze, spitzovale Kerben in die Schale.

Dabei sollte jeweils zwischen den Kerben ein Abstand von 0,5 cm bleiben.

Führen Sie das Messer wie einen Stift, damit Sie die Tiefe und die Form des Schnitts besser kontrollieren können.

2.
Schneiden Sie das Objekt im Abstand von 0,5 cm parallel zu den Kerbrändern ebenfalls bogenförmig ein.

Die Bögen sollten sich in den Ecken berühren und die Fläche eines geschwungenen Vierecks einschließen.

3.

Arbeiten Sie diese Fläche mit einem **Sichelmesser** eraus, ohne die schmalen Grate dabei zu verletzen.

Die herausgearbeiteten Flächen bilden den Hintergrund und den farblichen Kontrast zu dem grünen Ornament.

Wiederholen Sie diese Arbeitsschritte, bis Sie die Melone mit einem gleichmäßigen Ornamentgitter überzogen haben.

Standring

4.

Damit die Melone stabil stehen kann, können Sie einen Standring anfertigen. Schneiden Sie das obere Drittel einer Melone ab. Ziehen Sie mit dem Kerbmesser parallel zum Rand eine Kerbe.

5.

Arbeiten Sie mit dem Kerbmesser einen nicht zu breiten Ornamentstreifen aus und schneiden Sie den oberen Teil der Kappe ab. So erhalten Sie einen Ring, in den Sie die Melone stellen können.

Blüten aus rotem Rettich

6.
Nehmen Sie einen roten Rettich und schneiden Sie mit einem **Ziseliermesser** die untere Spitze rundherum ein.

Setzen Sie die Schnitte eng nebeneinander und drehen Sie den Rettich bei jedem Schnitt. Achten Sie darauf, dass Sie die einzelnen Streifen nicht abtrennen.

7.
Lassen Sie im Zentrum einen Steg von etwa 1 cm Durchmesser stehen.

BÜFFETDEKORATIONEN AUGENSCHMAUS

8.
Entfernen Sie mit dem **Sichelmesser** die Blüte vorsichtig vom Steg.

9.
Formen Sie mit dem **Perlenausstecher** eine Blütenmitte aus Zitrone.

10.
Nehmen Sie die Blüte vorsichtig in die Hand und formen Sie mit demselben Werkzeug eine Blütenmitte und setzen Sie die kleine Zitronenkugel hinein.

11.
Befestigen Sie die Zitronenkugel mit Hilfe eines Zahnstochers und legen Sie die fertigen Blüten bis zur Weiterverarbeitung in Eiswasser, damit sich die Blütenblätter noch weiter öffnen können.

Arrangieren Sie die Blüten auf der Melone und verwenden Sie als Hintergrund und rahmenden Abschluss für das Bouquet die auf den Seiten 129 ff. beschriebenen Reliefblätter.

BÜFFETDEKORATIONEN

EXOTISCHE BLUMENVASE

Die Skulptur in Blütenform besteht aus einer Wassermelone. Als weitere dekorative Elemente sieht man eine weiße Rose aus Rettich sowie zwei Blüten aus Kürbis und Rettich. Die kunstvollen Blätter wurden aus den Schalen von Honig- und Wassermelonen gefertigt.

BÜFFETDEKORATIONEN EXOTISCHE BLUMENVASE

BÜFFETDEKORATIONEN EXOTISCHE BLUMENVASE

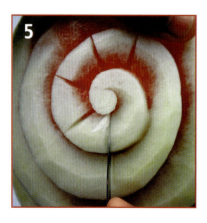

1.
Wählen Sie eine besonders große Wassermelone für dieses Schaustück aus. Schälen Sie die eine Melonenhälfte, am Besten mit einem **Filettiermesser**.

2.
Schneiden Sie nun, von der Mitte der geschälten Fläche ausgehend, mit einem **Sichelmesser** eine Spirale in die Melone hinein. Halten Sie sie dabei mit der anderen Hand gut fest.

Das Messer sollten Sie dabei wie einen Stift halten. Das hilft dabei, gleichmäßig und in den richtigen Proportionen zu arbeiten. Der Abstand zwischen den einzelnen Spiralbögen sollte immer etwa 2 cm betragen.

3.
Stechen Sie mit einem Sichelmesser 0,5 cm parallel zu dem Beginn der Spirale schräg ein und folgen Sie dem Spiralbogen. Lösen Sie so einen Streifen Fruchtfleisch ab, damit die Spirale plastisch hervortritt.

4.
Nach diesem Arbeitsschritt sollte das rote Fruchtfleisch deutlich sichtbar sein.

BÜFFETDEKORATIONEN EXOTISCHE BLUMENVASE

5.
Schnitzen Sie in die Spirale im Abstand von 1,5 cm etwa 2 mm tiefe Kerben hinein, die über die Breite eines Spiralbogens reichen sollten.

6.
Mit dem großen, gebogenen **Schnitzmesser** stechen Sie zwischen den Rillen schräg nach unten zum davorliegenden Spiralbogen und heben das abgetrennte Material ab.

7.
Mit dem Sichelmesser runden Sie jedes einzelne Blütenblatt mit viel Geduld ab.

Ringelblume

8.
Schneiden Sie aus der Mitte eines Rettichs eine etwa 6 cm dicke Scheibe heraus und arbeiten Sie in der Mitte mit einem **Kugelformer** eine Halbkugel heraus. Legen Sie diese Halbkugel beiseite.

9.
Stechen Sie mit dem kleinen, gebogenen **Schnitzmesser** um die Aushöhlung herum, etwa 0,5 cm tief schräg nach unten ein. Die erste Reihe der Blütenblätter wird so geformt.

BÜFFETDEKORATIONEN EXOTISCHE BLUMENVASE

10.
Entfernen Sie das überflüssige Fruchtfleisch.

11.
Stechen Sie mit demselben Werkzeug, etwas nach außen versetzt, abermals parallel zu den vorherigen Schnitten ein.

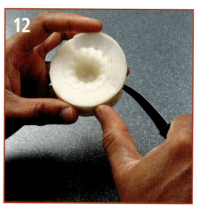

12.
Schneiden Sie mit einem Sichelmesser ringförmig um den Blütenblätterkranz herum und entfernen sie den dabei entstehenden Materialstreifen, damit die Blütenblätter plastisch hervortreten.

13.
Den beschriebenen Arbeitsschritten folgend, können Sie einen zweiten, dritten, vielleicht auch vierten Blätterkranz herausarbeiten.

14.
Wenn Sie den letzten Kranz Blütenblätter ausgearbeitet haben, lösen Sie die Blüte vorsichtig vom noch verbliebenen Material ab.

BÜFFETDEKORATIONEN EXOTISCHE BLUMENVASE

15.
Setzen Sie die zu Anfang ausgehobene Halbkugel, mit der Wölbung nach oben, in die Blütenmitte ein und befestigen Sie sie mit einem Zahnstocher.

16.
Diese Blütenform können Sie ganz einfach variieren, indem Sie an Stelle des kleinen, gebogenen Schnitzmessers jedes andere geformte Schnitzmesser benutzen und als Material zum Beispiel einen Kürbis oder Rote Beete wählen.

Folgen Sie dann einfach Schritt für Schritt den Anweisungen, die zuvor für die Ringelblume beschrieben wurden.

Rose

17.
Schneiden Sie aus der Mitte eines weißen Rettichs eine 4 cm dicke Scheibe heraus.

Nehmen Sie die Scheibe zwischen Daumen und Zeigefinger und formen Sie mit einem **Sichelmesser** zu einem kantigen Kegel.

18.
Schneiden Sie ringsum, parallel zu den ovalen Schnittflächen, etwa 2 mm dicke Blütenblätter ein, die zur Werkstückmitte hin etwas dicker werden sollten, um mehr Stabilität zu gewährleisten.

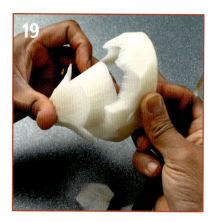

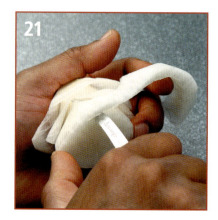

19.
Stechen Sie senkrecht von oben etwa 3 mm vom Scheibenrand entfernt bis zur ersten Blütenblattreihe ein und schälen Sie einmal ringsherum. Entfernen Sie das überflüssige Material. Achten Sie dabei darauf, keines der Blütenblätter abzutrennen.

20.
Schneiden Sie, versetzt zur ersten Reihe, eine zweite Reihe Blütenblätter in das Werkstück hinein.

21.
Schälen Sie, wie zuvor wieder eine 3 mm dünne Schicht hinter den Blütenblättern ab.

BÜFFETDEKORATIONEN EXOTISCHE BLUMENVASE

22.
Schälen Sie einen weiteren Streifen Fruchtfleisch rund um die bisher unberührte Mitte der Blüte ab und verleihen Sie ihr damit eine kugelige Form.

23.
Halten Sie das Schnitzmesser wie einen Stift und schneiden Sie weitere Blütenblätter zurecht.

24.
Wenn Sie eine rosafarbene Rose für ein Arrangement benötigen, schneiden Sie eine Rote Beete auf und streichen Sie sie vorsichtig über die Blütenblätter. Sie können natürlich auch Lebensmittelfarbe benutzen.

25.
Stecken Sie die drei verschiedenen Blüten mit Hilfe von Zahnstochern auf der Melone fest und arrangieren Sie als Hintergrund Ornament- und Reliefblätter aus Honig- und Wassermelonenschalen. Die Beschreibung dieser beiden Blattformen finden Sie auf den Seiten 127 ff.

BÜFFETDEKORATIONEN

TULPEN ZU JEDER JAHRESZEIT

Ein Strauß aus bunten Paprikatulpen mit Lauchblättern und Bambusstängeln, die für den nötigen Halt sorgen.

BÜFFETDEKORATIONEN **TULPENSTRAUSS**

BÜFFETDEKORATIONEN TULPENSTRAUSS

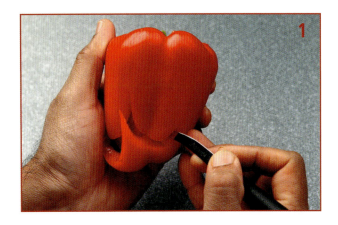

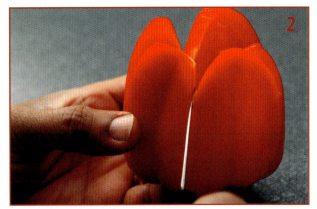

1.
Legen Sie die Paprikafrucht mit dem Stielansatz nach oben in ihre linke Hand. Mit einem **Sichelmesser** arbeiten Sie, gegenüber des Stielansatzes, in Bögen die Spitzen der späteren Blütenblätter einer Tulpe heraus.

2.
Schneiden Sie zwischen den Bögen zum Stielansatz hin 3 bis 4 cm weit hinunter, um die einzelnen Blütenblätter voneinander zu trennen.

3.
Trennen Sie bei jedem Blütenblatt mit einem sauberen Schnitt, von der Spitze bis zum Stielansatz hinunter, die Schale vom Fruchtfleisch ab.

Die beiden so entstandenen Schichten dürfen nicht voneinander getrennt werden.

BÜFFETDEKORATIONEN TULPENSTRAUSS

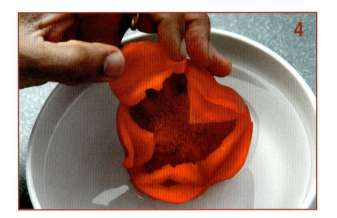

4.
Legen Sie die Paprikatulpe in Eiswasser, damit sich die Blütenblätter entfalten können.

5.
Schneiden Sie eine Lauchstange 5 cm unterhalb des Grünansatzes durch.

6.
Trennen Sie die einzelnen Blätter voneinander. Falten Sie ein Lauchblatt und bringen Sie es mit einem gebogenen Schnitt in Form.

BÜFFETDEKORATIONEN TULPENSTRAUSS

7.
Legen Sie zwei Blätter übereinander und wickeln Sie den unteren, weißen Teil der Blätter um einen Bambusstock.

8.
Fixieren Sie die Blätter mit einem Blumendraht auf der gewünschten Höhe.

9.
Entfernen Sie den Stielansatz der Paprika und setzen Sie die Paprikatulpe auf den Stock

BÜFFETDEKORATIONEN TULPENSTRAUSS

10.
Stellen Sie eine Wassermelone auf den Stielansatz. Sollte sie nicht von selbst stehen, schneiden Sie ein Stück mit einem glatten Schnitt ab, um eine Standfläche zu erhalten.

Mit einem **Apfelentkerner** bohren Sie nun mehrere Löcher in die Melone.

11.
Stecken Sie die fertigen Tulpen hinein.

12.
Bohren Sie weitere Löcher und drapieren Sie die Tulpen zu einem bunten, üppigen Strauß.

Für einen bunten Tulpenstrauß verwenden Sie die gesamte Farbpalette der Paprikafrüchte: von gelb über orange hin zu dunkelrot.

BÜFFETDEKORATIONEN
ÜBERRASCHUNGS-BOUQUET

Für dieses Bouquet werden Farnblätter aus verschiedenfarbigen Zucchini gefertigt. Ringelblumen aus Rettich und einzeln dazugelegte, unterschiedliche Kürbisse schaffen zusätzliche Farbkontraste.

BÜFFETDEKORATIONEN **ÜBERRASCHUNGSBOUQUET**

MOTIV 1:
Farbenprächtige Zucchini-Farnblätter

Bei der Zucchini handelt es sich um eine Gemüsesorte, die in unterschiedlichen Sorten und Farben erhältlich ist. Dementsprechend lässt sich jede einzelne für den jeweiligen Zweck einsetzen.

1.
Halbieren Sie eine Zucchini der Länge nach mit einem kleinen Küchenmesser.

2.
Höhlen Sie die Zucchini mit einem Ausbohrer sorgfältig aus.

3.
Legen Sie die Zucchinihälfte mit der Schnittfläche nach unten auf die Arbeitsfläche und lösen Sie vorsichtig parallel zwei dünne, längliche Linien heraus, wobei Sie eine dunklere Fläche in der Mitte stehen lassen.

BÜFFETDEKORATIONEN ÜBERRASCHUNGSBOUQUET

4.
Beschneiden Sie mit einem **Sichelmesser** von beiden Seiten das Ende der Zucchini, sodass es spitz zuläuft.

5.
Schneiden Sie von außen zur Mitte hin die Form von Farnblättern ein. Lassen Sie dabei einen Streifen von etwa 1 cm Abstand zur Mittellinie unbeschnitten.

6.
Wiederholen Sie dasselbe im passenden Verhältnis auf der anderen Seite. (Diese Art von Blättern kann für verschiedenste Blumenbouquets eingesetzt werden.)

MOTIV 2:
Ringelblume aus Rettich

1.
Schneiden Sie vom oberen Teil des Rettichs ein 6 cm langes Stück ab.

2.
Höhlen Sie die Mitte mit einem **Kugelformer** aus, wobei Sie darauf achten sollten, genug Platz für einen Stempel zu lassen.

3.
Stechen Sie das rund gebogene **Schnitzmesser (A und B)** um die Aushöhlung herum etwa $1/2$ cm tief und schräg in die Frucht, um somit die Blütenblätter zu formen.

BÜFFETDEKORATIONEN ÜBERRASCHUNGSBOUQUET

4.
Schneiden Sie mit einem kleinen, scharfen Messer eine Ringform heraus, sodass die Blütenblätter dieser Reihe hervortreten. Ebenso sollten die zweite, dritte und auch die vierte Reihe gestaltet und das Fleisch herausgelöst werden, damit alle Blütenblätter zu sehen sind.

5.
Arbeiten Sie sich in der letzten Reihe der Blütenblätter bis zum Boden der Blüte vor, sodass die ganze Blume beim Herausnehmen unbeschädigt bleibt. Befestigen Sie einen Stempel aus einem Stück Rettich in der Mitte.

6.
Nehmen Sie, wenn die Anzahl der benötigten Blumen beisammen ist, Zahnstocher als Stiele. Wenn Sie weißen Rettich benutzen, können Sie ihn ganz einfach mit Lebensmittelfarbe passend einfärben. Lassen Sie dann Ihrer Phantasie freien Lauf, wenn es darum geht, die Blumen zu arrangieren.

BÜFFETDEKORATIONEN FRAUENTRAUM

BÜFFETDEKORATIONEN

EIN FRAUENTRAUM

Dieses üppige Bouquet wird aus verschiedenen Gemüsesorten und einer Wassermelone gefertigt. Sesam- und Stechpalmenblätter vervollständigen das Arrangement aus Calla, Königslilie, Rose und Ringelblume.

MOTIV 1:
Junges Sesamblatt aus Wassermelone

1.
Benutzen Sie ein etwas größeres, scharfes Messer **(Filetiermesser)**, trennen Sie einen oder zwei dicke Streifen der dunklen Melonenschale ab und achten Sie dabei darauf, dass diese nicht zu dünn sind, damit sie nicht auseinanderfallen. Schneiden Sie, das Objekt in einer Hand, mit der anderen Hand die Form eines Blattes. Halten Sie dabei das Werkzeug wie einen Schreibstift, denn es hilft, gleichmäßig und im richtigen Verhältnis zu arbeiten.

BÜFFETDEKORATIONEN FRAUENTRAUM

2.
Legen Sie das Objekt auf die Arbeitsfläche und verleihen Sie ihm mit einem **Ziselier-** oder **Schnitzmesser** grob die Form eines Blattes.

3.
Ritzen Sie den Blattnerv etwa 2 mm tief, aber schneiden Sie ihn nicht komplett heraus. Das Einritzen dieses Nervs ist Voraussetzung für den folgenden Schritt.

4.
Schneiden Sie, vom Hauptnerv ausgehend, Teile der äußeren dunkelgrünen Schale heraus. Die Form sollte immer zur Blattaußenseite hin zeigen. Lassen Sie Lücken zwischen den Schnitten, damit die Teile entfernt werden können. Der innere Schnitt (Entfernung der Schale) sollte besonders präzise und vorsichtig erfolgen.

BÜFFETDEKORATIONEN FRAUENTRAUM

MOTIV 2:
Sesamblatt aus Wassermelone

Tipp:
Falls nötig, können Sie auch einen echten Stift benutzen, um den Entwurf vorzuzeichnen.

1.
Wie bei Motiv 1 sollte die Kontur der Melonenscheibe die Form eines gewöhnlichen Blattes ohne Rundungen annehmen.

2.
Schneiden Sie exakt eine zackige Blattform aus.

3.
Sie sollten in der Mitte einen dicken Blattnerv stehen lassen, indem Sie parallel zwei tiefe, dünne Linien ausschneiden.

4.
Schneiden Sie vorsichtig die inneren Blattformen aus, ohne dabei den Blattnerv zu berühren. Gestalten Sie danach die äußere Blattkontur.

MOTIV 3:
Ringelblume aus Kürbis

1.

Schneiden Sie ein Stück Kürbis im Umfang von ca. 4 cm zurecht (etwa 2 cm dick) und höhlen Sie danach mit dem **Kugelformer** das Zentrum der Blume aus.

2.

Nehmen Sie das spitz zulaufende Schnitzwerkzeug und stechen Sie die Blütenblätter aus.

3.

Die zweite Reihe sollte direkt parallel hinter der ersten Reihe von Blütenblättern gestochen werden.

BÜFFETDEKORATIONEN FRAUENTRAUM

4.
Schneiden Sie um die Kanten der Blütenblätter herum eine dünne Fruchtscheibe heraus. Gehen Sie dabei möglichst vorsichtig vor.

5.
Wiederholen Sie die Methode, aber achten Sie darauf, immer versetzt zu arbeiten.

6.
Fixieren Sie den ausgehöhlten Stempel im Zentrum der Blüte und legen Sie die Blume in Eiswasser, sodass sich die Blütenblätter entfalten können.

MOTIV 4:
Calla aus Fenchel

1.
Schneiden Sie die äußere Schicht eines Fenchels vorsichtig in einem Stück ab.

2.
Entfernen Sie den harten Strunk der äußeren Schicht so, dass, wenn man sie am Stiel festhält, eine Herzform zu sehen ist.

3.
Höhlen Sie mit einem **Kugelformer** den Mittelteil des Stielansatzes aus.

BÜFFETDEKORATIONEN FRAUENTRAUM

4.
Nehmen Sie eine Karotte und verleihen Sie ihr eine fünfeckige Form. Vergessen Sie während des Schneidens nicht, den Kopf etwas dicker zu belassen als den Rest der Karotte.

5.
Ziehen Sie, leicht schräg, im Kopfbereich feine, ordentliche Rinnen.

6.
Benutzen Sie zwei Zahnstocher, um die Karotte als Blütenstempel im ausgehöhlten Teil der Fenchelhülle zu fixieren.

Tipp:
Sie können diese Blume natürlich ebenso mit verschiedenen Arten von Stempeln fertigen oder beispielsweise auch einen roten Rettich nehmen, um daraus eine Lilie zu gestalten.

MOTIV 5:
Königslilie aus Fenchel

1.–3.
Gehen Sie wie bei Motiv 4 dieser Übung vor, nur dass der Stempel hier aus rotem Rettich gefertigt wird. Halten Sie die herzförmige Fenchelblüte in einer Hand und schneiden Sie mit einem Schnitzmesser spitz zulaufende, bogenförmige Verzierungen in den Blattrand. Schneiden Sie danach rundherum, von oben nach unten, längliche Muster in die Fenchelhülle.

Der Stempel aus rotem Rettich sollte so gefertigt werden wie im Abschnitt „Mehr als Blumen ..." – Tellerdekorationen (vgl. Seite 88 f.). Benutzen Sie Zahnstocher, um den Stempel in der Mitte der Blüte zu fixieren.

BÜFFETDEKORATIONEN FRAUENTRAUM

MOTIV 6:
Königsrose aus Rettich

1.
Schneiden Sie etwa 4 cm von einem Rettich ab.

2.
Beginnen Sie etwa 2 $\frac{1}{2}$ cm unterhalb der Schnittfläche, rundum kleine ovale Scheiben abzuschneiden.

3.
Schneiden Sie ringsum, parallel zu den Ovalen, etwa 2 mm dicke Blütenblätter ein, die nach unten hin dicker werden sollten (zur Festigung).

BÜFFETDEKORATIONEN FRAUENTRAUM

4.
Halten Sie das Unterteil der Blüte zwischen Daumen und Mittelfinger und schälen Sie um den unbeschnittenen Teil des Rettichs herum ca. 3 mm Fruchtfleisch ab. Achten Sie dabei darauf, die Blütenblätter nicht zu verletzen.

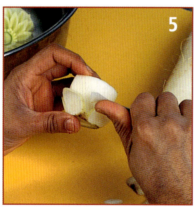

5.–7.
Schneiden Sie versetzt eine zweite Reihe Blütenblätter ganz heraus. Fertigen Sie parallel dazu die nächste Reihe an, wobei Sie aber keine Blätter mehr entfernen. Schälen Sie erneut einen Streifen rund um die unbeschnittene Mitte der Blüte ab. Verleihen Sie der Mitte eine Kugelform.

BÜFFETDEKORATIONEN FRAUENTRAUM

8.–10.

Halten Sie das Schnitzmesser wie einen Stift, schneiden Sie, wieder versetzt, doppelt große Blütenblätter und entfernen Sie die Überreste. Gehen Sie dabei vorsichtig vor, denn die Blätter können leicht abbrechen. Wenden Sie diese Methode an, bis Sie in der Mitte der Rose angekommen sind.

BÜFFETDEKORATIONEN FRAUENTRAUM

11.–13.
Wenn Sie eine roséfarbene Rose bevorzugen: Schneiden Sie Rote Beete auf und reiben Sie vorsichtig Blatt für Blatt daran. Sie können natürlich auch Lebensmittelfarbe benutzen.

MOTIV 7:
Blatt einer Stechpalme aus rotem Rettich

1.–4.
Spalten Sie einen roten Rettich horizontal. Wiederholen Sie die Schritte vom „Jungen Sesamblatt aus Wassermelone", Motiv 1 (vgl. Seite 175 f.).

Das fertiggestellte Stechpalmenblatt ist auf Seite 174 zu sehen.

BÜFFETDEKORATIONEN LEBENSTRAUM

BÜFFETDEKORATIONEN

LEBENSTRAUM

Dieses üppige Blumengesteck wurde auf vier zarte Bananenblätter gesetzt. Die Anleitungen für die einzelnen Blüten haben Sie bereits in den vorangehenden Übungen erhalten, die Fertigung der Blätter soll nun an dieser Stelle erklärt werden.

MOTIV 1:
Rosenblatt aus gelber Zucchini

1. und 2.
Schneiden Sie aus der Mitte der Zucchini schräg eine rechteckige Form heraus und halbieren Sie sie.

BÜFFETDEKORATIONEN LEBENSTRAUM

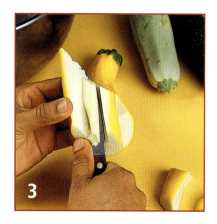

3.
Höhlen Sie vorsichtig das Innere der Zucchini aus. Fangen Sie bei einem schräg zulaufenden Ende des Rechtecks an und geben Sie ihm die Form eines Rosenblattes.

4.
In der Mitte des Blattes sollten Sie eine 2 mm tiefe Linie in Form eines Blattnervs ziehen, der nach oben zeigt.

5.
Schnitzen Sie, vom Blattnerv ausgehend, kleinere Blattformen, die nach außen weisen. Denken Sie daran, dazwischen jeweils etwa 1 cm Platz zu lassen.

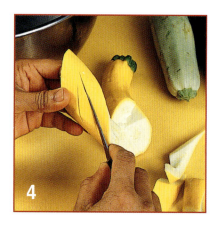

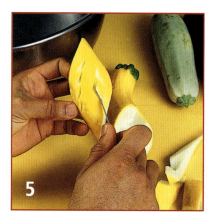

BÜFFETDEKORATIONEN LEBENSTRAUM

6.
Gestalten Sie jetzt die äußere Kontur des Blattes parallel zu den kleineren, bereits geschnitzten Blättern.

MOTIV 2:
Blatt der Königsrose aus dunkelgrüner Zucchini

1.
Halbieren Sie ein 8 cm langes Stück Zucchini und entfernen Sie das Innere.

2.
Schneiden Sie aus der Zucchini eine Blattform.

193

BÜFFETDEKORATIONEN LEBENSTRAUM

3.
Ziehen Sie in der Mitte des Blattes den Hauptnerv. Achten Sie dabei darauf, den Schnitt in einer Bewegung auszuführen, ansonsten wird der nächste Schritt unsauber aussehen.

4.
Schneiden Sie, am Hauptnerv ansetzend, die Form spitz zulaufender Blätter, die nach außen weisen. Schneiden Sie danach, parallel zum inneren Blatt, die Kontur des äußeren Blattes.

MOTIV 3:
Dahlie aus Kohlrabi

1.
Schälen Sie – vom Strunk aus – im Abstand von 1 cm einen Doppelkreis.

2.
Schneiden Sie die Mitte der Kohlrabi $1/2$ cm tief ein und höhlen Sie sie aus.

3.
Schneiden Sie vorsichtig um die Vertiefung herum eine Ringform ab.

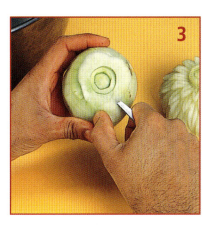

BÜFFETDEKORATIONEN **LEBENSTRAUM**

4.
Beginnen Sie am hervorstehenden Kreis und stechen Sie rundum V-förmige Blütenblätter aus. Gestalten Sie parallel dazu eine weitere Reihe Blätter, um der ersten Reihe Kontur zu verleihen.

5.
Schneiden Sie etwa 5 mm unterhalb dieser Blütenblätter rundum nach dem vorgegebenen feinen Muster.

6.
Denken Sie daran, die Blütenblätter jeweils versetzt zur vorherigen Reihe zu platzieren.

Diese Dahlie aus Kohlrabi wurde für unseren „Lebenstraum" nicht verwendet, wird jedoch als Verzierung für die folgenden Schaustücke eingesetzt: „Goldfische im Netz" (Seite 135), „Umherstreunender Sambhur" (Seite 197) und „Ein weißer australischer Papagei bewundert die Natur" (Seite 203).

BÜFFETDEKORATIONEN LEBENSTRAUM

BÜFFETDEKORATIONEN PROST UND VIEL GLÜCK

BÜFFETDEKORATIONEN

PROST UND VIEL GLÜCK!

Die „Champagnerflasche" wird aus asiatischem Kürbis geschnitzt, der Korken aus dem Stiel desselben. Lassen Sie bei der Gestaltung des Hintergrundes Ihrer Kreativität freien Lauf.

1.
Schneiden Sie etwa 3 cm vom oberen Teil eines asiatischen Kürbisses ab. Gestalten Sie mit einem feinen Schnitzmesser das Muster, das sie auf dem Foto sehen können, nach.

2.
Schneiden Sie unterhalb des Musters einen Bogen und schälen Sie die Frucht vorsichtig.

BÜFFETDEKORATIONEN PROST UND VIEL GLÜCK

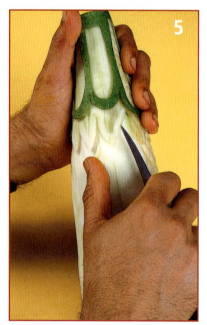

3.
Schälen Sie den Rest der Schale komplett ab.

4. und 5.
Formen Sie mit einem spitz zulaufenden Schnitzmesser vier Reihen Blütenblätter (wie bei der „Dahlie aus Kohlrabi", vgl. Seite 195 f.), und vergessen Sie dabei nicht, das überflüssige Fruchtfleisch um die Blütenblätter herum zu entfernen.

BÜFFETDEKORATIONEN PROST UND VIEL GLÜCK

6.
Wir haben einen Schwan als Motiv gewählt, Sie können aber natürlich auch jedes erdenkliche Muster Ihrer Wahl auf die „Flasche" ritzen.

7.
Ziehen Sie um das skizzierte Motiv herum eine tiefe Konturenlinie. Schälen Sie dann mit dem spitz zulaufenden Ende des Messers die Kontur heraus, um die Figur hervortreten zu lassen.

8. und 9.
Nehmen Sie ein abgerundetes Schnitzwerkzeug und kerben Sie eine Reihe von Federn in den Schwanenkörper ein. Entfernen Sie mit einem spitz zulaufenden scharfen Messer vorsichtig das überflüssige Fruchtfleisch. Wiederholen Sie das Ganze für eine zweite und dritte Reihe Federn.

BÜFFETDEKORATIONEN PROST UND VIEL GLÜCK

10.–12.
Schnitzen Sie – nachdem das Motiv auf der „Flasche" fertiggestellt ist – aus dem Stiel des Kürbisses den Korken für die „Champagnerflasche". Lassen Sie schließlich bei der Gestaltung des Hintergrunds Ihrer Phantasie freien Lauf.

BÜFFETDEKORATIONEN **EXOTISCHES WINDLICHT**

BÜFFETDEKORATIONEN

EXOTISCHES WINDLICHT

Dieser Obstteller enthält zum großen Teil tropische Früchte: Sie sind besonders appetitlich und reich an Vitaminen. Die Außenhaut einer großen Ananas wird zum stimmungsvollen Windlicht mit ausklappbaren Fensteröffnungen – ihr Inneres findet sich, in mundgerechte Stücke geschnitten, auf dem Obstteller wieder.

MOTIV 1:
Ananas-Arrangement

1.
Entfernen Sie den Strunk und die dornige Unterseite der Ananas.

BÜFFETDEKORATIONEN EXOTISCHES WINDLICHT

2.
Übrig bleibt die Form eines Zylinders. Schneiden Sie mit einem besonders scharfen **Küchenmesser** im Abstand von etwa 1 cm zur Schale die Frucht heraus.

3.
Nehmen Sie die Frucht vorsichtig aus der Hülle.

4.
Schneiden Sie der Länge nach fünf bis sechs Rinnen in den „Ananas-Zylinder".

BÜFFETDEKORATIONEN PROST UND VIEL GLÜCK

5.
Nehmen Sie nun die fassförmige Außenhaut der Ananas und schneiden Sie blattförmige Fenster hinein, die beweglich sind.

6.
Diese Luftlöcher lassen später Sauerstoff für die Kerze herein, die Sie in der Mitte der Ananashülle aufstellen können. Arrangieren Sie die in Scheiben geschnittene Ananasfrucht auf dem Teller.

MOTIV 2:
Geschnitzte Mango

1.
Schälen Sie die Frucht, lassen Sie aber am Stiel einen 2 cm breiten Rand stehen.

BÜFFETDEKORATIONEN EXOTISCHES WINDLICHT

2.
Nehmen Sie ein Schnitzmesser und schneiden Sie der Länge nach tiefe Spalten ein, indem Sie von rechts schräg zur Mitte hin und von links ebenfalls schräg zur Mitte hin schneiden. So entstehen die Spalten wie von selbst.

3.
Schneiden Sie als nächstes eine Pyramiden-Form, die die bereits vorhandenen Vertiefungen verbindet.

4.
Dekorieren Sie schließlich den Obstteller nach Ihren Vorstellungen. Früchte wie Papaya oder verschiedene Melonensorten können mit diversen Motiven und Mustern verziert werden.

BÜFFETDEKORATIONEN **SCHMETTERLING**

BÜFFETDEKORATIONEN

AUF DEN SCHWINGEN EINES SCHMETTERLINGS

Diese Blumenvase wurde mit Blüten und Blättern bestückt, deren Herstellung bereits in den vorangegangenen Übungen erläutert wurde. Zwei weitere Objekte sollen hier noch zusätzlich erklärt werden.

MOTIV 1:
Schmetterling aus Rote Beete

1.

Halbieren Sie eine geschälte Rote Beete. Schneiden Sie von einer Hälfte eine 2 mm dicke Scheibe nicht ganz ab (stoppen Sie den Schnitt 3 mm vor dem Boden). Wiederholen Sie das Ganze, schneiden Sie diesmal aber die Scheibe komplett ab, sodass Sie zwei miteinander verbundene Scheiben erhalten.

BÜFFETDEKORATIONEN SCHMETTERLING

2.
Legen Sie die verbundene Seite auf die Arbeitsfläche und entfernen Sie etwa einen Viertelkreis davon. Runden Sie die abgeschnittene Ecke leicht ab.

3.
Legen Sie das Objekt flach auf die Arbeitsfläche. Beginnen Sie am obersten Punkt, einen Spalt (unten 4 mm breit,

oben 2 mm) einzuschneiden, parallel zum äußeren Rand. Schneiden Sie daraufhin auch vom Boden aus einen ebensolchen Spalt. Die Scheiben sind noch immer verbunden.

4.
Halten Sie den Schmetterling fest und schnitzen Sie ein Muster auf die Flügel. Dabei sollten Sie besonders sorgfältig vorgehen.

5.
Öffnen Sie mit der freien Hand die Flügel des Schmetterlings und stecken Sie die Fühler zwischen den Flügeln fest.

BÜFFETDEKORATIONEN SCHMETTERLING

MOTIV 2:
Lauchbouquet

1.
Schneiden Sie vom grünen Teil einer etwa 50 cm langen Lauchstange 10 cm ab.

2.
Halbieren Sie die Stange bis zu einer Länge von 20 cm.

3.
Nehmen Sie die zwei äußeren Blätter und stecken Sie sie nach innen. Halten Sie alles gut fest.

BÜFFETDEKORATIONEN SCHMETTERLING

4.
Wiederholen Sie das Ganze mit etwa vier Schichten pro Seite.

5.
Die übrigen zarten Innenblätter sollten mit einem scharfen Tourniermesser sauber eingeschnitten werden. Denken Sie daran, das Bouquet mit Ihren Fingern so lange festzuhalten, bis es mit Zahnstochern fixiert ist.

Tipp:
Sie können auch die Lauchwurzeln verwenden, indem Sie sie 2 cm oberhalb abschneiden und mit Lebensmittelfarbe einfärben. Das Ganze kann als eine Blume mit Zahnstochern in der Blumenvase fixiert werden.

6.
Befestigen Sie die vorbereiteten Blüten ebenfalls mit Zahnstochern an der Schale der Lauchstange.

BÜFFETDEKORATIONEN SCHMETTERLING

7.
Es ist außerdem möglich, verschiedene Lebensmittelfarben zu benutzen, wenn für alle Blumen nur eine Gemüsesorte, Rettich beispielsweise, verwendet wurde.

8. und 9.
Das vollständige Bouquet lässt sich z. B. in einer Vase aus Melone individuell und lebendig arrangieren.

BÜFFETDEKORATIONEN MELONENKORB

BÜFFETDEKORATIONEN

SENSATIONELLER MELONENKORB

Dieser Korb aus einer Wassermelone enthält eine Vielzahl an Blüten und Blättern. Die individuell gefertigten Objekte bilden zusammen dieses Schaustück. Die Abbildung zeigt eine feine traditionelle Schnitzerei, Sie können beim Schnitzen eines Musters aber auch Ihrer Phantasie freien Lauf lassen.

MOTIV 1:
Dekorativer Korb aus Wassermelone

1.
Wählen Sie eine besonders große, dunkelgrüne Wassermelone für den Korb. Malen Sie mit einem Lackstift (einfacher für Anfänger) das Muster Ihrer Wahl rund um die Melone auf. Vergessen Sie dabei nicht den Griff und die Öffnung des Korbes, die später entfernt werden sollen.

BÜFFETDEKORATIONEN MELONENKORB

Der Melonenkorb besteht aus folgenden Einzelteilen:

A) Junges Sesamblatt aus Wassermelone
B) Sesamblatt aus Wassermelone
C) Ringelblume aus Rettich
D) Königsrose aus Rettich
E) Blatt einer Stechpalme aus rotem Rettich
F) Farnblatt aus Zucchini
G) Gänseblümchen aus Rote Beete

2.
Nehmen Sie das Tourniermesser und schneiden Sie tief ins Innere der Melone hinein – immer an den markierten Bögen entlang.

3.
Schneiden Sie, vom oberen Teil der Frucht ausgehend, die über den Bögen eingeschnittenen Teile von zwei Seiten ab und lassen Sie dabei den Griff in der Mitte stehen. Wenn die Teile korrekt eingeschnitten sind, fallen sie automatisch ab.

BÜFFETDEKORATIONEN MELONENKORB

4.
Nehmen Sie das abgerundete Schnitzwerkzeug und stechen Sie etwa 3 cm tiefe Stücke am Rand des Griffes entlang ab.

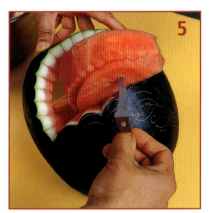

5.
Entfernen Sie mit einem scharfen Messer den Rest des Fruchtfleisches aus dem Griff, sodass er hübsch aussieht.

6.
Fahren Sie mit einem Schnitzmesser die aufgezeichneten Linien entlang (Tiefe ca. 3 mm).

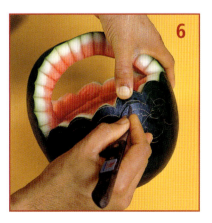

BÜFFETDEKORATIONEN MELONENKORB

7.–9.
Schälen Sie – und lassen Sie dabei das Muster unberührt – die dunkle Schale der Melone vorsichtig ab (aber nicht vom Griff).

10.
Nehmen Sie ein besonders feines Schnitzwerkzeug und schnitzen Sie ein Muster Ihrer Wahl auf den Korbgriff. Achten Sie dabei unbedingt darauf, ein einfaches Muster zu wählen, das nicht zu tief eingeschnitten werden muss, da der Griff ansonsten leicht brechen kann.

MOTIV 2:
Gänseblümchen aus Rote Beete

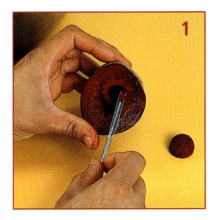

Die Fertigung der Teile A bis F wurde bereits in Übung 1 bzw. 2 erklärt, das Gänseblümchen aus Rote Beete wird wie folgt gestaltet:

1.

Schneiden Sie das obere Ende der Knolle ab. Höhlen Sie mit dem Ausbohrer die Mitte aus, um darin später einen Stempel fixieren zu können. Stechen Sie mit Werkzeug Nr. 16 die Blütenblätter aus.

2.

Schneiden Sie mit einem kleinen scharfen Messer vorsichtig das Fleisch heraus, sodass alle Blütenblätter sichtbar werden. Ebenso sollten die restlichen Reihen im passenden Verhältnis geschnitzt und ausgehöhlt werden. Fixieren Sie den Stempel aus einem Stück Rote Beete.

3.

Graben Sie zum Schluss die letzte Reihe der Blütenblätter tief in den Boden hinein und nehmen Sie die Blume heraus ohne sie zu beschädigen. Benutzen Sie Zahnstocher, um sie an einem Platz Ihrer Wahl zu befestigen.

BÜFFETDEKORATIONEN **STOLZ VON SRI LANKA**

BÜFFETDEKORATIONEN

STOLZ VON SRI LANKA

Die Hauptbestandteile dieses Arrangements bilden reich verzierte Papayas. Diese tropischen Früchte – mit einer Farbkombination aus Gelb, Rosa und Rot – werden mit Zucchiniblättern und verschiedenen Blüten zu einer aufwändigen Dekoration zusammengestellt.

BÜFFETDEKORATIONEN STOLZ VON SRI LANKA

MOTIV 1:
Antilope in der Wildnis

1.
Schnitzen Sie im Abstand von etwa 2 cm vom Stiel entfernt rundherum spitz zulaufende Blattformen in die Schale.

2.
Der Rest der Frucht sollte der Länge nach in Streifen abgeschält werden.

3.
Schneiden Sie ein Oval mit Rand (zwei parallele Linien). Schnitzen Sie am inneren Oval entlang eine etwa 2 mm tiefe Schräge. Verfahren Sie ebenso mit der äußeren Seite des Ovals, damit das Medaillon sichtbar wird.

4.
Machen Sie mit einem Tourniermesser um das Oval herum Einschnitte und heben Sie die Fruchtfleischstücke dazwischen aus.

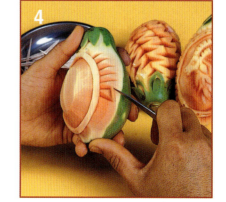

BÜFFETDEKORATIONEN STOLZ VON SRI LANKA

5.
Die zu Beginn geformten, spitz zulaufenden Blattformen sollten individuell gestaltet werden, indem Sie kleinere Blätter hineinschnitzen. Wenn die kleineren Blätter innen zusammengedrückt werden, unterstützt dies, dass die größeren Blütenblätter vorstehen.

6.
Ritzen Sie in der Mitte der Frucht mit einem spitz zulaufenden Tourniermesser ein Motiv Ihrer Wahl (in unserem Fall eine Antilope) ein.

7.
Schnitzen Sie die Kontur der Antilope, etwa 2–3 mm tief. Achten Sie darauf, nur die erste Reihe des Fells einzuker-

ben. Entfernen Sie das Fruchtfleisch um den Rand der Antilope herum, sodass diese hervortritt.

8.
Setzen Sie die Gestaltung des Fells in der zweiten und dritten Reihe fort, sodass es aus drei Stufen besteht. Die Dekoration, die wir zu Beginn dieser Übung zeigen, enthält eine dritte Papaya, auf die ein bedeutungsvoller sri-lankischer Buchstabe geschnitzt wurde. Lassen auch Sie sich zu neuen Motiven inspirieren, um wunderschöne, reliefartige Bilder zu schaffen.

MOTIV 2:
Faszinierende Frucht

1.

Schnitzen Sie (wie bei Motiv 1) spitz zulaufende Blattformen auf einem Abschnitt von etwa 2 cm vom Stiel und entfernen Sie den Rest der Schale. Schneiden Sie mit dem Schnitzmesser von rechts oben nach links unten Vertiefungen ins Fruchtfleisch.

2.

Schneiden Sie zwischen den Furchen jeweils kleine Schrägen, abwechselnd nach links und nach rechts, im Zickzack-Muster.

3.

Wiederholen Sie dieses Muster rund um die Frucht herum.

BUFFETDEKORATIONEN **STOLZ VON SRI LANKA**

BÜFFETDEKORATIONEN SCHWANENPAAR

BÜFFETDEKORATIONEN

SCHWANENPAAR AUF EINEM BAUMSTUMPF

Das stolze Schwanenpaar wird aus weißem Rettich erstellt. Sie können es auf eine Karottenspirale (oder, wie auf dem Bild auch zu sehen, eine Rettichspirale) setzen, damit es mehr Stand hat. Einzelne, dazwischengesteckte Blüten schaffen farbige Akzente.

1.
Schneiden Sie ein 15 cm langes Stück von einem Rettich ab. Formen Sie einen „Flaschenhals" von 1 $^1/_2$ cm Breite und 5 cm Höhe, die Wölbung sollte etwa 2 cm breiter werden.

MOTIV 1:
Schwan

2.
Drehen Sie das Rettichstück, und schneiden Sie 2 cm des „Flaschenbodens" schräg an. Schneiden Sie dort, wo die Schräge endet, eine gerade Linie ab, sodass das Objekt später fest auf dem Untergrund stehen kann.

3.
Nehmen Sie ein Schnitzmesser und gestalten Sie vorsichtig die Unterseite des Schwanenhalses, sodass er aussieht wie ein Schwan mit gesenktem Kopf.

4.
Formen Sie nun auch die Oberseite des geschwungenen Schwanenhalses.

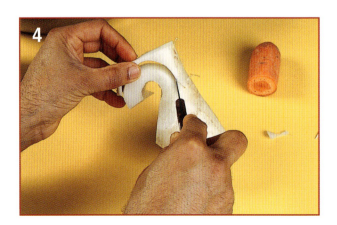

BÜFFETDEKORATIONEN SCHWANENPAAR

5.
Geben Sie dem Schwan eine realistischere Form, indem Sie alle Ecken abrunden.

6. und 7.
Nehmen Sie ein kleines, schräg zulaufendes Schnitzwerkzeug, stechen Sie im passenden Verhältnis das Auge aus und ersetzen Sie es durch ein Stück Karotte.

BÜFFETDEKORATIONEN SCHWANENPAAR

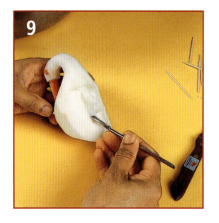

8.
Schnitzen Sie aus einem Stück Karotte einen Schnabel und befestigen Sie ihn mit einem Zahnstocher an der Mundpartie.

9.
Ziehen Sie auf beiden Seiten des hinteren Teils des Schwans eine 1 $^1/_2$ cm tiefe und 4 mm breite Furche (nicht ganz bis zum Ende).

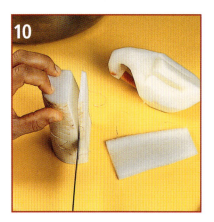

10.
Schneiden Sie ein 10 cm langes Stück vom Rettich ab. Halbieren Sie es in der Länge und trennen Sie dann zwei etwa 4 mm dicke Scheiben ab.

BÜFFETDEKORATIONEN SCHWANENPAAR

11.
Fertigen Sie aus den Rettichscheiben zwei Flügel.

12. und 13.
Befestigen Sie die fertigen Flügel in der Furche am hinteren Teil des Schwans. Setzen Sie den Schwan eventuell auf eine Gemüsespirale, deren Fertigung Sie auf den nächsten Seiten verfolgen können.

MOTIV 2:
Karotten-Spirale

1.
Nehmen Sie eine dicke Karotte von etwa 15 cm Länge und schneiden Sie beide Enden ab.

2.
Legen Sie die Karotte auf die Arbeitsfläche und beschneiden Sie die vier Seiten so, dass ein längliches, vierseitiges Objekt entsteht.

3.
Ziehen Sie mit dem Ziseliermesser an der Oberseite der Karotte längs zwei parallele Schlitze.

BÜFFETDEKORATIONEN SCHWANENPAAR

4.
Halten Sie die Karotte zwischen zwei Stäbchen fest (sie würde sonst auseinander fallen) und schneiden Sie dünne Scheiben ein.

5.
Drehen Sie die Karotte um, nehmen Sie erneut die Stäbchen zu Hilfe und schneiden Sie nach links geneigte, feine Scheiben ein.

6.
Legen Sie die Karotten-Spirale um ein 2 cm dickes Stück Gurke oder Zucchini und befestigen Sie sie mit Zahnstochern. Die Spirale kann als Unterstützung zur Befestigung des Schwans eingesetzt werden oder beispielsweise auch einen Blumenstrauß zusammenhalten.

SCHAUSTÜCKE

36   **Kürbis-Blumenvase**

Diese Blumenvase wird aus einer speziellen Sorte asiatischer Kürbisse gefertigt, die glatt und leicht zu schneiden ist. Die natürliche Form der Frucht ist sehr vorteilhaft und vielseitig einsetzbar.

135   **Goldfische im Netz**

Die zwei feinen Goldfische sind aus Rettich und Kürbis gefertigt und mit Blättern dekoriert. Die Schale besteht ebenfalls aus Kürbis. Das Netz im Hintergrund verleiht der Szene eine bedeutungsvolle Atmosphäre.

144   **Landung eines Falken**

Der untere Teil des Kürbisses wird in einem Stück sauber als Schmuckplatte ausgeschnitten, Rumpf und Schnabel des Vogels sind aus einem zweiten Kürbisstück gefertigt. Beide Teile werden dann zusammengefügt. Die Blumendekoration im Vordergrund und die Blüten auf der Platte offenbaren die Finesse und das Größenverhältnis. Die Blumen kennen Sie aus vorangegangenen Übungen. Honig- und Wassermelone bieten eine gute Farbkombination für die Blätter.

188   **Stolzer Pfau aus Sri Lanka**

Der stolze, prächtige Pfau wird aus zwei Einzelteilen zusammengesetzt. Für den Rumpf benötigt man einen kompletten Rettich. Die Federn bestehen aus Rettich, Karotte und Aubergine und werden auf einem runden Styropor-Ring befestigt. Jede einzelne Feder muss separat mit Zahnstochern fixiert werden. Der Federkamm besteht aus Wassermelone, die Blattdekoration aus Honig- und Wassermelone. Die Blüten kennen Sie bereits aus den Übungen.

197   **Umherstreunender Sambhur**

Für diese Schmuckplatte wurden Dahlien aus Kohlrabi, Kürbis, Rote Beete und Ringelblumen aus Rettich verwendet. Das Gesicht des Sambhur steht erhaben aus der Mitte der Plakette heraus (Vorgehensweise wie bei der „Antilope in der Wildnis", siehe S. 224 f.).

203   **Ein weißer australischer Papagei bewundert die Natur.**

Dieser Vogel sitzt auf einer seltenen Kürbissorte, die einen natürlichen Farbkontrast bietet. Der wunderschöne Papagei wird aus einem ganzen Rettich und einer Karotte geschnitzt.

Dieses Buch ist meinen Eltern gewidmet. Mein Vater und meine Mutter gingen mit mir durch Dick und Dünn, und zwar in guten wie in schlechten Zeiten.

Bis heute nehme ich immer noch viele wichtige Ratschläge von beiden entgegen.

Ich bin dankbar und auch sehr stolz, dass ich solche Eltern habe.

Soweit es mich betrifft, sind Eltern und Familie das Wichtigste im Leben.

Narahenapitage Sumith Premalal De Costa

Noch mehr Ideen

128 Seiten, 112 Farbfotos, 200 x 273 mm, gebunden mit Schutzumschlag
ISBN 978-3-86852-077-4
€ 19,95

128 Seiten, ca. 200 farb. Abb., 198 x 270 mm, gebunden
ISBN 978-3-86852-004-0
€ 19,95

Jetzt bestellen unter:
www.heel-verlag.de | bestellungen@heel-verlag.de | Tel 0531 708600 | Fax 0531 708601
HEEL Verlag GmbH | Pottscheidt 1 | 53639 Königswinter

Noch mehr Abwechslung

96 Seiten, zahlreiche Farbfotos,
163 x 210 mm, Paperback
ISBN 978-3-86852-225-9
€ 9,95

144 Seiten, über 200 Farbfotos, 245 x 265 mm,
gebunden mit Schutzumschlag
ISBN 978-3-89880-907-8
€ 19,95

Jetzt bestellen unter:
www.heel-verlag.de | bestellungen@heel-verlag.de | Tel 0531 708600 | Fax 0531 708601
HEEL Verlag GmbH | Pottscheidt 1 | 53639 Königswinter